中公文庫

文章読本

谷崎潤一郎

中央公論新社

この読本は、いろ〳〵の階級の、なるべく多くの人々に読んで貰う目的で、通俗を旨として書いた。従って専門の学者や文人に見て頂けるような書物でないことは、論を待たない。それにしても、今まで私はこう云う種類の述作をしたことがないので、順序の立て方、章節の分け方等に妥当を缺くものがあるかも知れないが、そう云う点は、不馴れのためとして御諒恕を願いたい。

私は、自分の長年の経験から割り出し、文章を作るのに最も必要な、そうして現代の口語文に最も缺けている根本の事項のみを主にして、この読本を書いた。その他の細かい点、修辞上の技巧等については、学校でも教えるであろうし、類書も多いことであるから、こゝには説かない。云わばこの書は、「われ〳〵日本人が日本語の文章を書く心得」を記したのである。

なお、最初に企図した事柄は洩れなく述べたつもりであるが、たゞ慾を云えば、枚数に制限されて引用文を節約したのが残念である。文章道に大切なのは理窟よりも実際であるから、一々例証を挙げて説明することが出来たならば、読者諸君の同感を得る上に、よほど助けになったに違いない。依って、他日機会があったらば、今度は引用文を主にした、この読本の補遺となるべきものを編述したいと思っている。

昭和九年九月

文章読本　目次

一　文章とは何か　一七

○言語と文章　一七

言語――言語の効用――思想を伝達すると共に、思想に一つの形態を与える――言語の缺点――思想を一定の型に入れる――言語の働きは不自由であり、時には有害であること――文章――言語と文章との区別――文章の永続性

○実用的な文章と藝術的な文章　二二

文章に実用的と藝術的との区別なし――美文体――韻文と散文――この書は韻文でない文章、即ち散文を説くのを目的とする――韻文や美文の条件、一　分らせること、二　眼で見て美しいこと、三　耳で聞いて快いこと――口語文――小説の文章――実用的即ち藝術的――実

用文にも技巧が必要であること

○ 現代文と古典文

口語体と文章体――口語体を書くコツは文章体を書くコツに同じ――古典文学――和文調と漢文調――和漢混交文――擬古文――字面と音調――「分らせる」ことにも限度があること――口語体の缺点――文章の秘訣――古典文の特色――今から九百年前の文章――文章の音楽的効果と視覚的効果――文章を書くには、読者の眼と耳とに訴えるあらゆる要素を利用すべし――第一の条件―「分らせる」ように書くこと、第二の条件―「長く記憶させる」ように書くこと――字面―視覚的効果について――われ／＼の国語と形象文字――日本語の言葉は、漢字と平仮名と片仮名と、普通三通りに書き得ること――漢字の缺点――平仮名の美点――音調―音楽的効果について――音読の習慣が廃れたこと――朗読法――音読の習慣がすたれても声を想像しないでは読むことが出来ない――漢字濫用の弊害と音読との関係――文章を綴る場合には、まずその文句を暗誦し、それがすら／＼と云えるかどうかを試すことが必要――寺子屋式の読み方――素読――読書百遍意自ら

通ず――「分らせる」ように書くことと「記憶させる」ように書くこととは二にして一――文章の感覚的要素――現代文に見る感覚的要素――書簡文―候文――候文の特色――文章の間隙

○西洋の文章と日本の文章

系統を異にする二国語の間には踰え難い垣がある――今日の急務は、西洋文の長所を取り入れることではなく、取り入れ過ぎたために生じた混乱を整理するにある――支那語と日本語との構造の差異――われ〳〵の国語の缺点―言葉の数が少いこと――語彙――国語と国民性――日本語の語彙が乏しいのは我等の国民性がおしゃべりでない証拠――我が国民性は寡言沈黙を貴ぶ――巧言令色鮮矣仁――日本語はおしゃべりに適しないように出来ている国語――国民性を変えないで、国語だけを改良することは不可能――西洋の学問と日本語の文章――この読本で取り扱うのは、専門の学術的な文章でなく、一般の実用的な文章――語彙が貧弱で構造が不完全な国語には、一方においてその缺陥を補うに足る長所がある

二　文章の上達法　七三

○文法に囚われないこと　七三

文法的に正確なのが必ずしも名文にあらず――日本語には西洋語にあるような文法はない――日本語には正確なるテンスの規則なし――日本語のセンテンスは主格を要せず――日本語は習得に困難なる国語――初学者は一応日本文を西洋流に組み立てる方がよいかも知れないが、相当に文章が書けるようになったら、文法を考えない方が宜しい

○感覚を研くこと　八三

文章のよしあしは曰く云い難し、たゞ感覚を以て感ずべきのみ――名文とはいかなるものぞ――長く記憶に留まるような印象を与えるもの、繰り返して読めば読むほど滋味の出るもの――名文と悪文との差は紙一重――文章の味は藝の味、食物の味と同じ――感覚は、生れつき鋭い人と鈍い人とがある――心がけと修業次第では、鈍い感覚をも鋭く研くことが出来る――出来るだけ多くのものを繰り返し読むこと、実際に自

分で作ってみること――感覚は何度も繰り返すうちに鋭敏になる――寺子屋式教授法は感覚錬磨の手段――感覚は、一定の錬磨を経た後には、各人が同一の対象に対して同様に感じるように作られている――文章は人に依って多少好む所を異にする――甘口と辛口、和文脈と漢文脈――源氏物語派と非源氏物語派

三　文章の要素　九九

○文章の要素に六つあること　九九
文章の要素、一　用語、二　調子、三　文体、四　体裁、五　品格、六　含蓄
○用語について　一〇〇
異を樹てようとするな――一　分り易い語を選ぶこと、二　使い馴れた古語を選ぶこと、三　適当な古語がない時に新語を使うこと、四　古語や新語がない時でも、造語は避けるようにすること、五　むずかしい成語よ

りは耳馴れた外来語や俗語の方を選ぶこと――同義語――最適な言葉はたゞ一つあるのみ――最初に思想があって然る後に言葉が見出だされる場合と、言葉があって然る後に思想が纏められる場合と――最初に使った一つの言葉が思想の方向を定め、文体や文の調子を支配するに至る――言霊――言葉の魅力――人間が言葉を使うと同時に、言葉も人間を使う――語と文字――白楽天の心がけ――古語と新語――漢字の重宝さから来る弊害――言葉は符牒であることを忘れるな――職人の技術語を参考とせよ――略語――世話に砕ける

○ 調子について

文章の調子は、その人の天性に依るところ最も多し――体質と調子との関係――調子は精神の流動であり、血管のリズムである――流麗な調子――センテンスの切れ目のない、一つの連続した文章――日本文には事実上の主人公あるのみにて文法上の主格なし――これこそ最も日本文の特長を発揮した文体――簡潔な調子――冷静な調子――調子のない文章――言葉の流れ――流露感――流れの停滞した名文――飄逸な調子――ゴツ〳〵した調子――悪文の魅力

○文体について　一四八

雅俗折衷体――一　講義体、二　兵語体、三　口上体、四　会話体――本当の口語文――書いた人の声音や眼つきを想像させる役をするもの――男の話す言葉と女の話す言葉と違うのが日本語の長所――会話体の特長、イ　云い廻しが自由であること、ロ　センテンスの終りの音に変化があること、ハ　実際にその人の語勢を感じ、微妙な心持や表情を想像し得られること、ニ　作者の性の区別がつくこと――われ〳〵は男女孰れの声を想像しながら文章を読むか――会話体の文章は作者の性を区別し得られる

○体裁について　一六〇

体裁とは文章の視覚的要素の一切を指す、イ　振り仮名、及び送り仮名の問題、ロ　漢字及び仮名の宛て方、ハ　活字の形態の問題、ニ　句読点――総振り仮名と字面との関係――ルビ、総ルビ、パラルビ――森鷗外の文字使い――言葉の由来に溯って語源の上から正しい文字を宛てる方法――日本の文章は読み方がまち〳〵になることをいかにしても防ぎ

難し――文字使いを、偏えに感覚的要素として扱う方法――視覚的効果として見た鷗外の文字使い――文字使いから見た鷗外と漱石――スタイル・ブック――活字の大きさ――活字の種類――句読点も合理的には扱い難し――疑問符と感嘆符――引用符

○品格について

品格とは文章の礼儀作法――一　饒舌を慎しむこと、二　言葉使いを粗略にせぬこと、三　敬語や尊称を疎かにせぬこと――品格ある文章を作るには精神的修養が第一――優雅の心を体得すること――優雅とは何ぞや――われ／＼の国語の一特色――日本語は、敬語が驚くほど豊富である――日本人ほど礼節を重んずる国民なく、日本語ほど礼節にかなう国語なし――あまりはっきりさせようとせぬこと――意味のつながりに間隙を置くこと――われ／＼は、生な現実をそのまゝ語ることを卑しむ――言語と事実との間に薄紙一と重の隔たりがあるのを好しとす――現代のいわゆる口語文は実際の口語よりも西洋語に近い――文章の間隙を理解するには昔の書簡文を参考とすべし――文章の穴――現代の文章の書き方は、あまり読者に親切過ぎる――言葉は、丁寧な、正式

な形で使うべきこと――ぞんざいな発音をそのまゝ文字に移さぬこと――東京人の言語の特色――小説家が会話を写す時の心得――敬語の動詞助動詞が文章の構成に与える便宜――敬語は単に儀礼を整えるだけの効用をしているのではない――敬語の動詞助動詞は美しい日本文を組み立てる要素の一つ――敬語はわが国語の利器――女子の文章には敬語を使うようにしては如何――講義体は敬語を使う文体に適せず

○含蓄について 二一八

含蓄とは何ぞや――この読本は終始一貫含蓄の一事を説く――里見弴氏の書き方の特色――一流の俳優は大袈裟な所作を演ぜず――形容詞や副詞の濫費を慎しめ――悪文の実例――比喩について――技巧の実例――言葉を惜しんで使う――「蘆刈」の一節――要するに感覚の錬磨を怠るなかれ

解説 吉行淳之介 二三一

文庫版のための付録

文章読本

一　文章とは何か

○　言語と文章

人間が心に思うことを他人に伝え、知らしめるのには、いろ〳〵な方法があります。たとえば悲しみを訴えるのには、悲しい顔つきをしても伝えられる。物が食いたい時は手真似で食う様子をして見せても分る。その外、泣くとか、呻《うな》るとか、叫ぶとか、睨むとか、嘆息するとか、殴《なぐ》るとか云う手段もありまして、急な、激しい感情を一と息に伝えるのには、そう云う原始的な方法の方が適する場合もありますが、しかしやゝ細かい思想を明瞭に伝えようとすれば、**言語**に依るより外はありません。言語がないとどんなに不自由かと云うことは、日本語の通じない外国へ旅行してみると分ります。

なおまた、言語は他人を相手にする時ばかりでなく、ひとりで物を考える時にも必要であります。われ〱は頭の中で「これをこうして」とか「あれをあゝして」とか云う風に独りごとを云い、自分で自分に云い聴かせながら考える。そうしないと、自分の思っていることがはっきりせず、纏《まと》まりがつきにくい。皆さんが算術や幾何の問題を考えるのにも、必ず頭の中で言語を使う。われ〱はまた、孤独を紛らすために自分で自分に話しかける習慣があります。強いて物を考えようとしないでも、独りでぽつねんとしている時、自分の中にあるもう一人の自分が、ふと囁《ささや》きかけて来ることがあります。それから、他人に話すのでも、自分の云おうとすることを一遍心で云ってみて、然る後口に出すこともあります。普通われ〱が英語を話す時は、まず日本語で思い浮かべ、それを頭の中で英語に訳してからしゃべりますが、母国語で話す時でも、むずかしい事柄を述べるのには、しば〱そう云う風にする必要を感じます。**されば言語は思想を伝達する機関であると同時に、思想に一つの形態を与える、纏まりをつける、**と云う働きを持っております。

そう云う訳で、言語は非常に便利なものでありますが、しかし人間が心に思っていることなら何でも言語で現わせる、言語を以て表白出来ない思想や感情はない、という風に考えたら間違いであります。今も云うように、泣いたり、笑ったり、叫んだりする方が、却ってその時の気持にぴったり当て篏《は》まる場合がある。黙ってさめ〴〵と涙を流している方が、くど〳〵言葉を費すよりも千万無量の思いを伝える。もっと簡単な例を挙げますと、鯛を食べたことのない人に鯛の味を分らせるように説明しろと云ったらば、皆さんはどんな言葉を択びますか。恐らくどんな言葉を以ても云い現わす方法がないでありましょう。左様に、たった一つの物の味でさえ伝えることが出来ないのでありますから、言語と云うものは案外不自由なものでもあります。のみならず、思想に纏まりをつけると云う働きがある一面に、**思想を一定の型に入れてしまう**と云う缺点があります。たとえば紅い花を見ても、各人がそれを同じ色に感ずるかどうかは疑問でありまして、眼の感覚のすぐれた人は、その色の中に常人には気が付かない複雑な美しさを見るかも知れない。その人の眼に感ずる色は、普通の「紅い」と云う色とは違うものであるかも知れない。しかしそう云う場合にそれを言葉で現わそうとすれば、とにかく「紅《あか》」に一番近いのでありますから、やはりその人は「紅い」と云うでありましょう。つまり「紅い」と云う言葉があるために、その人のほんとうの感覚とは違ったものが伝えられる。言葉がなければ伝えられないだけのことでありま すが、あるために害をすることがある。これは後に詳しく説く機会がありますから、今はこれ以上申しませんが、返す／＼も**言語は万能なものでないこと、その働きは不自由であり、時には有害なものであること**を、忘れてはならないのであります。

次に、言語を口で話す代りに、文字で示したものが**文章**であります。少数の人を相手にする時は口で話したら間に合いますが、多数を相手にする時は一々話すのが面倒であります。また、口で云う言葉はその場限りで消えてしまうのでありますから、長く伝えることが出来ない。そこで言語を文章の形にして、大勢の人に読んで貰い、または後まで残すと云う必要が生じた訳であります。ですから言語と文章とはもと／＼同じものでありまして、「言語」と云う中に「文章」を含めることもあります。厳密に云えば、「口で話される言葉」と「文字で書かれる言葉」と云う風に区別した方がよいかも知れません。が、**同じ言葉でも既に文字で書かれる以上は、口で話されるものとは自然違って来ないはずはありません**。小説家の佐藤春夫氏は「文章は口でしゃべる通りに書け」と云う主義を主張したことがありましたが、仮りにしゃべる通りを書いたとしましても、文字に記したものを眼で読むのと、それが話されるのを直接に聞くのとは、感じ方に違いがあります。口で話される場合には、その人の声音《こわね》とか、言葉と言葉の間《ま》とか、眼つき、顔つき、身振、手真似などが這入《はい》って来ますが、文章にはそう云う要素がない代りに、文字の使い方やその他いろ〳〵な方法でそれを補い得る長所があります。**なおまた口で話す方は、その場で感動させることを主眼としますが、文章の方はなるたけその感銘が長く記憶されるように書きます。**従って、口でしゃべる術と文章を綴る術とは、それ〴〵別の才能に属するのでありまして、話の上手な人が必ず文章が巧いと云う訳には行きません。

○　実用的な文章と藝術的な文章

私は、**文章に実用的と藝術的との区別はない**と思います。文章の要は何かと云えば、自分の心の中にあること、自分の云いたいと思うことを、出来るだけその通りに、かつ明瞭に伝えることにあるのでありまして、手紙を書くにも小説を書くにも、別段それ以外の書きようはありません。昔は「華を去り実に就く」のが文章の本旨だとされたことがありますが、それはどう云うことかと云えば、餘計な飾り気を除いて実際に必要な言葉だけで書く、と云うことであります。そうしてみれば、最も実用的なものが、最もすぐれた文章であります。

明治時代には、実用に遠い**美文体**と云う一種の文体がありまして、競ってむずかしい漢語を連ね、語調のよい、綺麗な文字を使って、景を叙したり情を述べたりすることが流行りました。こゝにこんな文章がありますが、これを一つ読んで御覧なさい。

南朝の年号延元三年八月九日より、吉野の主上御不豫の御事ありけるが、次第に重らせ給ふ。医王善逝の誓約も、祈るに其験なく、耆婆《きば》扁鵲《へんじやく》が霊薬も、施すに其験おはしまさず。（中略）左の御手に法華経の五の巻を持せ給ひ、右の御手には御剣《ぎよけん》を按じて、八月十六日の丑の尅に、遂に崩御なりにけり。悲い哉、北辰位高くして、百官星の如くに列ると雖、九泉の旅の路には供奉《ぐぶ》仕る臣一人もなし。奈何せん、南山の地僻にして、万卒雲の如くに集ると雖、無常の敵の来るをば禦止《ふせぎとど》むる兵更になし。唯中流に船を覆《くつがへ》して一壺《いつこ》の浪に漂ひ、暗夜に燈消えて五更の雨に向ふが如し。（中略）土墳数尺の草、一径涙尽きて愁《うれひ》未尽きず。舊臣后妃泣く泣く鼎湖《ていこ》の雲を瞻望《せんばう》して、恨を天辺の月にそへ、覇陵《はりよう》の風に夙夜《しゆくや》して、別を夢裏《むり》の花に慕ふ。哀なりし御事なり。

これは太平記の後醍醐天皇崩御のくだりの一節でありまして、これを書いた南北朝時代においては一種の名文だったでありましょうし、この中にあるいろ〳〵なむずかしい漢語にも、定めし実感が籠っていたことでありましょう。まして帝王の崩御を叙するのでありますから、荘厳な文字を連ねることも、かかる場合は儀礼にかなう訳であります。私は子供の時分に、太平記のこのくだりを非常な名文であると教えられ、「土墳数尺《すうせき》の草、一径涙《なんだ》尽きて愁未尽きず。舊臣后妃泣く泣く鼎湖の雲を瞻望して」と云うあたりは、今も暗記しているくらいに愛誦したのでありますが、明治時代の美文と云うものはこう云う文体から脈を引き、その云い廻しを学んだものでありました。その時分は小学校の作文でも、こう云う漢語を苦心して捜し出したり寄せ集めたりする稽古をしたもので、天長節の祝辞だとか、卒業式の答辞だとか、観桜の記だとか云う文章は、皆この文体で綴ったのでありますが、昔は知らず、現代の人間には、これではあまり装飾が勝ち過ぎて自分の思想や感情を表現するのに不便であります。ですからその後この文体は次第に滅んでしまいましたが、実用的でない文章と云えば、まずこう云う風なものより外に考えることが出来ません。

こゝでちょっとお断りしておきますが、文章と云うものを二つに分けて、**韻文**と**散文**とに区別することがあります。韻文とは何かと云えば、詩や歌のことでありまして、これは人間が心の中にあることを他に伝達するのみでなく、自《みずか》ら詠嘆の情を籠めて謡《うた》うように作ったもの、従って謡い易いように字の数や音の数を定め、その規則に当て篏めて綴るのでありますから、なるほど文章の一種ではありますけれども、普通の文章とは多少目的が違うだけに、それはそれとして特別な発達を遂げております。で、実用的でなくてしかも藝術的な文章と云うものがあるとすれば、この韻文が正《まさ》しくそれに当りますけれども、**私がこの本の中で説こうとするものは、韻文でない文章、即ち散文のことであります**から、それは豫《あらかじ》め御承知を願っておきます。

そこで、韻文でない文章だけについて云えば、実用的と藝術的との区別はありません。藝術的な目的で作られる文章も、実用的に書いた方が効果があります。昔は口でしゃべることをそのまゝに書かず、文章の時は口語と違った云い方をしまして、言葉遣いなども、民間の俗語を用いては礼に缺《か》けていると思い、わざと実際に遠くするように修飾を加えた時代がありますので、あの美文のようなものが役に立ったこともありますけれども、今日はそう云う時代でない。現代の人は、どんなに綺麗な、音調のうるわしい文字を並べられても、実際の理解が伴わなければ美しいと感じない。礼儀と云うことも、全然重んじないのではないが、高尚優美な文句を聞かされたからと云って、それを礼儀とは受け取らない。第一われ／＼の心の働きでも、生活の状態でも、外界の事物でも、昔に比べればずっと変化が多くなり、内容が豊富に、精密になっておりますから、字引を漁《あさ》って昔の人が使いふるした言葉を引っ張って来たところで、現代の思想や感情や社会の出来事には当て嵌まらない。それで、実際のことが理解されるように書こうとすれば、なるべく口語に近い文体を用いるようにし、俗語でも、新語でも、或る場合には外国語でも、何でも使うようにしなければならない。つまり韻文や美文では、**分らせる**と云うこと以外に、**眼で見て美しいこと**と**耳で聞いて快いこと**とが同様に必要な条件でありましたが、現代の**口語文**では、専ら「分らせる」「理解させる」と云うことに重きを置く。他の二つの条件も備わっていればいるに越したことはありませんけれども、それにこだわっていては間に合わない。実に現代の世相はそれほど複雑になっているのでありまして、**分らせるように書く**と云う一事で、文章の役目は手一杯なのであります。

文章を以て現わす藝術は**小説**でありますが、しかし藝術と云うものは生活を離れて存在するものではなく、或る意味では何よりも生活と密接な関係があるのでありますから、小説に使う文章こそ最も実際に即したものでなければなりません。もし皆さんが小説には何か特別な云い方や書き方があるとお思いになるのでしたら、試みに現代の小説を孰《ど》れでもよいから読んで御覧なさい。小説に使う文章で、他のいわゆる実用に役立たない文章はなく、実用に使う文章で、小説に役立たないものはないと云うことが、じきお分りになるのであります。次に小説の文章の例として志賀直哉氏の「城の崎にて」の一節を引用してみましょう。

自分の部屋は二階で隣のない割に静かな座敷だつた。読み書きに疲れるとよく縁の椅子に出た。脇が玄関の屋根で、それが家へ接続する所が羽目になつてゐる。其羽目の中に蜂の巣があるらしい、虎斑の大きな肥つた蜂が天気さへよければ朝から暮近くまで毎日忙しさうに働いてゐた。蜂は羽目のあはひから摩抜けて出ると一ト先づ玄関の屋根に下りた。其処で羽根や触角を前足や後足で丁寧に調べると少し歩きまはる奴もあるが、直ぐ細長い羽根を両方へシッカリと張つてぶーんと飛び立つ。飛び立つと急に早くなつて飛んで行く。植込みの八つ手の花が丁度満開で蜂はそれに群つてゐた。自分は退屈するとよく欄干から蜂の出入りを眺めてゐた。

或朝の事、自分は一疋の蜂が玄関の屋根で死んで居るのを見つけた。足は腹の下にちゞこまつて、触角はダラシなく顔へたれ下がつて了つた。他の蜂は一向冷淡だつた。巣の出入りに忙しくその脇を這ひまはるが全く拘泥する様子はなかつた。忙しく立働いてゐる蜂は如何にも生きてゐる物といふ感じを与へた。その脇に一疋、朝も昼も夕も見る度に一つ所に全く動かずに俯向きに転がつてゐるのを見ると、それが又如何にも死んだものといふ感じを与へるのだ。それは三日程その儘になつてゐた。それは見てゐて如何にも静かな感じを与へた。淋しかつた。他の蜂が皆巣に入つて仕舞つた日暮、冷たい瓦の上に一つ残つた死骸を見る事は淋しかつた。然しそれは如何にも静かだつた。

故芥川龍之介氏はこの「城の崎にて」を志賀氏の作品中の最もすぐれたものの一つに数えていましたが、こう云う文章は実用的でないと云うことが出来ましょうか。こゝには温泉へ湯治に来ている人間が、宿の二階から蜂の死骸を見ている気持と、その死骸の様子とが描かれているのですが、それが簡単な言葉で、はっきりと現わされています。ところで、こう云う風に簡単な言葉で明瞭に物を描き出す技倆が、実用の文章においても同様に大切なのであります。この文章の中には、何もむずかしい言葉や云い廻しは使ってない。普通にわれ〳〵が日記を附けたり、手紙を書いたりする時と同じ文句、同じ云い方である。それでいてこの作者は、まことに細かいところまで写し取っている。私が点を打った部分を読むと、一匹の蜂の動作を仔細に観察して、ほんとうに見た通りを書いていることが分る。そうしてその書いてあることが、と云うのは、この場合には蜂の動作でありますが、それがはっきりと読者に伝わるのは、出来るだけ無駄を切り捨てゝ、不必要な言葉を省いてあるからであります。たとえば終りの方の「それは見てゐて如何にも静かな感じを与へた。」の次に、いきなり「淋しかつた。」と入れてありますが、「自分は」と云うような主格を置かずにたゞ「淋しかつた。」とあるのが、よく利いています。またその次の「他の蜂が皆巣に入つて仕舞つた日暮、冷たい瓦の上に一つ残つた死骸を見る事は云々」のところも、普通なら「日が暮れると、他の蜂は皆巣に入ってしまって、その死骸だけが冷たい瓦の上に一つ残っていたが、それを見ると、」と云う風に書きそうなところですが、こんな風に短く引き締め、しかも引き締めたために一層印象がはっきりするように書けている。「華を去り実に就く」とはこう云う書き方のことであって、簡にして要を得ているのですから、このくらい実用的な文章はありません。されば、**最も実用的に書くと云うことが、即ち藝術的の手腕を要するところなので、**これがなか〳〵容易に出来る業《わざ》ではないのであります。

但し、今の志賀氏の文章を見ると、「淋しかつた」と云う言葉が二度、「静かな」と云う形容詞が二度、繰り返し使ってありますが、この繰り返しは静かさや淋しさを出すために有効な手段でありまして、決して無駄ではないのであります。その理由はすぐ次の段に述べることとしまして、こう云う技巧こそ藝術的と云えますけれども、しかしそれとても、やはり実用の目的に背馳するものではありません。**実用文においても、こう云う技巧があればあった方がよいのであります。**

実用実用と云いますけれども、今日の実用文は、廣告、宣伝、通信、報道、その他種々なるパンフレット等に応用の範囲が廣く、それらは多少とも藝術的であることを必要とするのでありまして、用途の上から云いましても、だん〳〵藝術と実用との区別が分らなくなって来つゝあります。現に裁判所の調書などは、最も藝術に縁の遠かるべき記録でありますが、犯罪の状況や時所について随分精密な筆を費し、被告や原告の心理状態にまで立ち入って述べておりまして、時には小説以上の感を催さしめることがあります。されば文章の才を備えることは、今後いかなる職業においても要求される訳でありまして、旁〻心得のためにこれだけのことを弁えて置いて頂く方がよいと思います。

○　現代文と古典文

前段において私は、**口語体**の文章が最も今日の時勢に適していると申しましたが、それなら**文章体**の文章は全然参考にならないかと云うのに、決してそうではありません。口語体も文章体も、等しくわれ〳〵の話す日本語から発達したものでありますから、根本においては同じであり、精神においても同じであります。と云う意味は、**口語体を上手に書くコツは、文章体を上手に書くコツと、変りはない**。**文章体の精神を無視した口語体は、決して名文とは云われない**。ですから、われ〳〵は是非とも文章体の文章を研究する必要があるのであります。

古典文学の文章は、すべていわゆる文章体で書いてありますが、大体において**和文調**と**漢文調**とに分けることが出来る。和文調と云うのは、実は往古の口語体のことでありまして、土佐日記や源氏物語のような文体、あれはその当時においては口でしゃべった通りに書いたものであった、即ちあの頃の言文一致体であった、然るにその後口語の方が次第に変化して来たので、あゝ云う云い方が一種の文章体として、文字の上だけに残った訳であります。漢文調と云うのは、保元物語や平治物語等の軍記物から用いられ始めた文体で、在来の和文に漢語を交え、また漢文を日本流に読み下す時の特別な言い廻しを交えたものでありまして、いわゆる**和漢混交文**のことであります。この二つの文体のうち、和文調はもはや全く廃れてしまった。明治時代までは**擬古文**

と称して作文の時間に時々稽古をしたものですが、何分応用の方面がないので、今日ではそんな稽古をする者もいなくなった。それに比べると漢文調の方は、まだ幾分か使われております。畏れ多い例でありますが、皆さんが御存じの教育勅語、あれは立派な和漢混交文のお手本と申してよい。その他折に触れて下される詔勅の御文体は総べて見事な漢文調でありまして、民間においても、祝辞や式辞や弔辞等の儀式張った文章は、漢文調の文章で書く。もっともこれとても以前に比べればずっと少くなりつゝある、近頃は告別式に列席しましても口語体の弔辞を聴くことが珍しくないのでありますから、追い〳〵漢文調も廃れてしまうことは明らかであります。

私はさっき、現代の世相は複雑であるから到底昔の文章体の粗っぽい云い廻しでは用が足せない、現代人に「分らせる」ようにするには、是非とも口語体でなければならないと申しました。また現今の口語体においては、昔のように**字面**《じづら》や**音調**の美しさを気にしてはいられない、「分らせる」ように、「理解させる」ように書くことが精一杯であると申しました。いかにも、一応はその通りでありますが、こゝで皆さんの御注意を喚起したいのは、「**分らせる**」**ことにも限度がある**と云う一事であります。

既に私はこの読本の最初の段で、言語は決して万能なものでないこと、その働きは思いの外不自由であり、時には有害なものであることを断って置きましたが、現代の人はやゝともするとこの事を忘れがちであります。そして、口語体の文章ならどんなことでも「分らせる」ように書ける、と云う風に考え易いのであります。が、そう考えたら大変な間違いであることを、常に皆さんは念頭に置いて頂きたい。明治の末期から口語体と云う便利な文体が創められ、用語や文字の末に囚われず、何でも口でしゃべる通りに書けばよいことになったので、いかなる微妙な事柄でも語彙を豊富に使いさえすれば表現出来ないことはないと云う謬想が先入主になり、近頃の人々は無闇に多くの言葉を使う。されば明治になってから言葉の数が殖えたことは非常なものでありまして、昔の人の思いも及ばないさま〲な名詞や形容詞が出来、また外国語を翻訳したいろいろな学術語や技術語が生れ、なお今日も続々と新語が造られつゝあります。で、人々は争ってそれらの沢山な語彙を駆使し、何事を述べても微に入り細を穿とうとしますので、自然文章が冗長になり、文章体なら一行か二行で済ますところを五行にも六行にも書く。しかしそんなに言葉数を費したら分らないことでも分らせることが出来るかと云うのに、決してそう云うものではありません。書く当人は痒い所へ手が届くように云い廻し、剰さず述べ尽したつもりでも、読む方に取ってはくどいばかりで、何を云っているのやら分らない場合がしば〳〵ある。実に**口語体の大いなる缺点は、表現法の自由に釣られて長たらしくなり、放漫に陥り易いこと**でありまして、徒らに言葉を積み重ねるために却って意味が酌み取りにくくなりつゝある。故に当今の急務は、この口語体の放漫を引き締め、出来るだけ単純化することにあるのでありますが、それは結局**古典文の精神に復《かえ》れ**と云うことに外ならないのであります。

文章のコツ、即ち人に「分らせる」ように書く秘訣は、**言葉や文字で表現出来ることと出来ないこととの限界を知り、その限界内に止まること**が第一でありまして、古の名文家と云われる人は皆その心得を持っていました。それと云うのが、昔は言葉数が少い上にも前例や出典をやかましく云い、使う場所に制限がありましたので、一つの景を叙し、または心事を述べるに方《あた》って、そういろ〳〵な云い方がある訳ではなかった。散る花を惜しみ、隈なき月の影を賞で、人の世の無常を恨むにも、時に依り人に依ってその心持に多少の違いがあったでありましょうが、言葉の方は大体きまりきっていたので、その違いに応ずるだけの種類がない。ですから古典の文章を見ますと、同じ言葉が幾度も繰り返されて使ってありますが、自然の必要から、それらの言葉が場合場合で或る独特なひろがりを持ち、一つ〳〵に月の暈《かさ》のような蔭が出来、裏が出来ています。

足柄山といふは、四五日かねておそろしげにくらがりわたれり。やうやう入り立つ麓のほどだに、そらのけしき、はかばかしくも見えず。えもいはず茂りわたりて、いとおそろしげなり。麓にやどりたるに、月もなく暗き夜の、闇にまどふやうなるに、女三人《みたり》、いづくよりともなくいで来たり。五十ばかりなる一人、二十ばかりなる、十四五なるとあり。庵の前に傘《からかさ》をささせてすゑたり。男ども火をともして見れば、昔こはたといひけむが孫といふ。髪いと長く、額いとよくかかりて、色白くきたなげなくて、さてもありぬべき下仕《しもづかへ》などにてもありぬべしなど、人々あはれがるに、声すべて似るものなく、空にすみのぼりてめでたく歌をうたふ。人々いみじうあはれがりて、けぢかくて、人々もて興ずるに、「西国《にしぐに》の女はえかからじ」などいふを聞きて、「なにはわたりにくらぶれば」とめでたく歌ひたり。見る目のいときたなげなきに、声さへ似るものなく歌ひて、さばかり恐ろしげなる山中《やまなか》に立ちてゆくを、人々あかず思ひて皆泣くを、幼なきここちには、まして此のやどりをたたむ事さへあかずおぼゆ。

まだ暁より足柄をこゆ。まいて山の中のおそろしげなる事いはむかたなし。雲は足の下にふまる。山のなからばかりの、木の下の、わづかなるに、葵のたゞ三筋ばかりあるを、世はなれてかかる山中にしも生ひけむよと、人々あはれがる。水はその山に三処ぞ流れたる。（更科日記）

この文章は今から九百年も前のものでありまして、上総介菅原孝標《たかすえ》の娘が十三歳の時に父に従って都へ上ったことを、それより四十年を過ぎた後に思い出して書いているのですが、この中には同じ言葉が幾度も繰り返し使ってあります。足柄山はどんな山かと云うと、「おそろしげにくらがりわたつた」山であると云う。そうして、「えもいはず茂りわたりて、いとおそろしげ」であるとか、「まいて山の中のおそろしげなる事いはむかたなし」とか、山を述べるのに「おそろしげ」と云う言葉より外知らないかのようである。また「あはれがる」という言葉も三度出て来る。田舎の女が巧みに歌をうたうのを聴いても、深山の大木の下に葵が三筋あるのを見つけても、人々は「あはれがる」のである。女の顔は「色白くきたなげなくて」と云い、「見る目のいときたなげなきに」とも云っている。その歌声は「すべて似るものなく、空にすみのぼりて」と云い、「声さへ似るものなく歌ひて」とも云う。その他、「めでたく」と云う副詞、「あかずおもふ」と云う動詞も二度出て来る。これを見ても昔はどんなに言葉の数が少かったかと云うことが分るのでありますが、しかしその割に作者の云わんと欲することは大体明瞭に現わされています。たゞ「おそろしげ」と云っただけでも、物凄く樹木の茂った山の姿が、想像されないものでもない。「あはれがる」と云う一語のうちにも、三人の女を取り巻いて打ち興ずる男どもの様子が見え、彼等が旅の憂さを忘れて歌を褒めたり器量を賞でたりする話声が聞えるようにも感ぜられる。こうして見ると、こんな素朴な書き方でも略〻用が足せるのでありまして、この時分の人は、「めでたし」とか、「おもしろし」とか、「をかし」とか云う簡単な形容詞をいろ〳〵な意味に使い分けた。なおまた、「月もなく暗き夜の、闇にまどふやうなるに」のところ、「男ども火をともして見れば、昔こはたといひけむが孫といふ。髪いと長く」のところは、僅か五六行の短文でありますが、思いがけなく夜の街道にさまよい出た藝人の女のあやしい美しさと、それを見た旅人の軽い驚きとが、おぼろげながら浮かんで来る。「火をともして」とありますので、燈明であるか松明《たいまつ》であるか篝火であるか分りませんけれども、「庵の前に傘をささせてすゐた」のでありますから、女どもは庭か往来の地上に坐し、それへ一行の下男どもが多分紙燭か松明をかざしたのでありましょう。はためく火影にあか〳〵と照らし出された女どもの、このあたりには珍しい身なりやみめかたち、その後につゞく漆のような夜の闇、真黒な空に聳え立つ足柄山の山容などが、朦朧と眼に見えて来ます。「声すべて似るものなく、空にすみのぼりて」と云う「すみのぼりて」の一句もよい。この旅行は九月三日に上総の国を立ちましたので、秋の末頃でありますから、冷え〴〵とした、冴えた夜空に、すゞしい歌ごえが透き徹るように響きわたった、その感じがよくこの一句に現われています。「なにはわたりにくらぶれば」と、歌の文句の冒頭だけを記したのは、後を忘れたのかも知れませんが、こう云う書き方にはこれも餘情があってよい。言葉数を知らないからこんな風に書いたのでもありましょうが、しかしやさしい、分り易い文字を使ったからと云って、人に与える感銘の深さは、必ずしも饒舌な口語文に劣らないのであります。

次に私は、古典の持つ字面や音調の美しさも、或る程度まで、――いや、時には大いに、――参考とすべきであると思います。これは前に申し上げたことと矛盾するようでありますけれども、一歩進んで考えてみますと、口語文といえども、文章の**音楽的効果**と**視覚的効果**とを全然無視してよいはずはありません。なぜなら、人に「分らせる」ためには、文字の形とか音の調子とか云うことも、与《あずか》って力があるからであります。読者自身は或はそれらの関係を意識しないで読んでいるかも知れません。しかしながら、眼や耳から来る感覚的な快さが、いかに理解を助けるものであるかと云うことは、名文家は皆よく知っているのであります。既に言葉と云うものが不完全なものである以上、**われ〳〵は読者の眼と耳とに訴えるあらゆる要素を利用して、表現の不足を補って差支えない。**たとえば昔、印刷術が発達しない時分には、文字の巧拙、紙質、墨色等までも、内容の理解に多大の関係を及ぼしたことと思われますが、これはまことに当然のことで、いやしくも眼で見て理解するものであるからには、眼を通して来る総べての官能的要素が、読者の心に何等かの印象をとゞめないはずはありません。そうして多くの場合、それらの要素が文章の内容と切っても切れないように結びついて、全く一つのものとなって頭に残ります。私はしば〳〵、幼年の頃におぼえた百人一首の和歌を思い出すことがありますが、思い出す時はいつも必ず骨牌《かるた》に書いてあった文字の形が眼に浮かびます。当時は今のような標準かるたでなく、草書や変態仮名を使って能筆に書いてあったのですが、「久方の」なら「久方の」と云う歌と一緒に、その骨牌《かるた》に書いてあった字体が浮かんで来る。恐らく皆さんにもそう云う経験がおありになるでありましょうが、取り分け和歌の場合には、定家卿や行成卿の書いた美しい一枚の色紙、もしくは短冊として、記憶されると云うようなことが多いと思います。今日の文章は、ほとんど総べて活字に印刷されておりますが、しかし活字だからと云って、そう云う関係がないことはありません。或る文章の内容が読者の脳裡に刻み込まれる時は、それを刷ってある活字の字体と一緒に刻み込まれ、思い出される時も一緒に思い出されます。故に今日でも、文字の巧拙は問題でなくなりましたが、文字の組み方、即ち一段に組むか二段に組むかと云うようなこと、それから活字の種類と大きさ、ゴシックにするか、ポイントを使うか、四号にするか、五号にするかと云うようなこと、並びに文字の宛て方、或る一つの言葉を漢字で書くか、平仮名で書くか、片仮名で書くかと云うようなことは、その文章が表現しようとする理論や事実や感情を理解させる上に、少からぬ手助けとなったり妨げとなったりするのであります。

文章の第一の条件は「分らせる」ように書くことでありますが、第二の条件は「長く記憶させる」ように書くことでありまして、口でしゃべる言葉との違いは、主として後者にあるのでありますから、役目としては或はこの方が大切かも知れません。で、そこまで考えを進めて来ますと、文字の体裁、即ち字面《じづら》と云うものが、一層重大な要素となって来るのであります。今の百人一首の例でも分るように、私がしばしばそれらの和歌を思い出すのは、大半はその美しい字体のためである。私はその字体を思い出しながら、その和歌を思い出し、それが書いてあった骨牌の手触《てざわ》りを思い出し、それを弄んだ幼年時代の正月の晩を思い出して、云いようのない懐しさを覚える。西洋の文章でもこう云うことは有り得るでありましょうが、**われ〴〵はわれ〴〵に独特なる形象文字を使っているのでありますから、それが読者の眼に訴える感覚を利用することは、たとい活字の世の中になりましても、或る程度まで有効**でありまして、将来国字がローマ字に改まるような日が来ない限り、われ〴〵にのみ許された折角の利器を捨てておくと云う法はありません。斯様に申しますと、それは文章の邪道だと申される方があるかも知れませんが、しかし字面と云うものは、善かれ悪しかれ必ず内容に影響する、我が国の如く形象文字と音標文字とを混用する場合において殊に然りである。そうだとすれば、その影響をその文章が書かれた目的と合致させるように考慮するのが当然であります。

但し、誤解のないようにお断りしておきますが、こゝに「字面」と申しますのは、必ずしもむずかしい文字を使うことではありません。近頃はよく、漢語をわざと片仮名で書いて、たとえば「憤慨」を「フンガイ」と書いて、一種の効果を挙げることが流行りますが、あれなぞが、やはり私の云う字面を考慮することに当ります。それと云うのが、西洋では一定の言葉を綴るのには一定の文字しかない。たとえば「デスク」

と云う語はdeskとしか書きようがない。支那でもそうでありましょうが、われ〳〵の国では、「机」、「つくえ」、「ツクエ」と、三通りに書けます。されば、ありふれた漢語を故意に仮名で書いて読者の注意を促し、記憶に資すると云う手段が、そこに成り立つ訳であります。それから、「眼に快い文字」と云うのも決して漢字に限ったことはありません。漢字は一字一字を見ると美感が備わっていますけれども、文字と文字とのつながり工合が美しくない。仮名の中へ交ぜて使うと、ゴツ〳〵して汚く見えることがありますが、我が国の平仮名は文字そのものに優しみがある上に、つながり工合が実に美しい。それに、漢字は字劃が複雑なため、今日のような小型の活字になっては固有の魅力が大半失われてしまいましたが、平仮名は字劃が簡単でありますから、今もなお魅力を失いません。字面を快くすると云うのは、こう云うことを総べて考慮に加えて書く、と云う意味であります。

しかしながら、現代の口語文に最も缺けているものは、眼よりも耳に訴える効果、即ち**音調の美**であります。今日の人は「読む」と云えば普通「黙読する」意味に解し、また実際に声を出して読む習慣がすたれかけて来ましたので、自然文章の音楽的要素が閑却されるようになったのでありましょうが、これは文章道のために甚だ嘆かわしいことであります。西洋、殊に佛蘭西《フランス》あたりでは、詩や小説の**朗読法**が大いに研究されていまして、しばしば各種の朗読会が催される、そうして古典ばかりでなく、現代の作家のものも常に試みられると云うことでありますが、かくてこそ文章の健全なる発達を期することが出来ますので、彼の国の文藝の盛んなのも偶然でありません。それに反して、我が国においては現に朗読法と云うものがなく、またそれを研究している人を聞いたことがない。近頃大阪のＪＯＢＫから富田砕花氏が詩の朗読を放送され、ついでＪＯＡＫからも古川緑波氏が漱石の「坊つちやん」の一節を放送されましたので、ラジオに依って追い追いそう云う方面が開拓されるかも知れませんが、富田氏のような朗読の名人は、宜しく各学校に招聘されて然るべく、国漢文の先生たちは一と通りその方の技能を備えておられるようにしたい。私が何故これを力説するかと申しますのに、たとい**音読の習慣がすたれかけた今日においても、全然声と云うものを想像しないで読むことは出来ない**。人々は心の中で声を出し、そうしてその声を心の耳に聴きながら読む。黙読とは云うものの、結局は音読しているのである。既に音読している以上は、何かしら抑揚頓挫やアクセントを附けて読みます。然るに朗読法と云うものが一般に研究されていませんから、その抑揚頓挫やアクセントの附け方は、各人各様、まちまちであります。それでは折角リズムに苦心をして作った文章も、間違った節で読まれると云う恐れがあるので、私のように小説を職業とする者には、取り分け重大な問題であります。私はいつも、自分の書くものを読者がどう云う抑揚を附けて読んでくれるかと云うことが気になりますが、それと云うのも、こう云う種類の文章はこう云う風な節で読むと云う、大よその基準が示されていないからであります。

一体、現代の人はちょっとした事柄を書くのにも、多量の漢字を濫用し過ぎる弊があります。これは明治になってから急にいろ〳〵の熟語が殖え、和製の漢語が増加した結果でありまして、その弊害につきましては後段「用語について」の項で詳しく述べるはずでありますが、しかし**この弊害の由って来たる今一つの原因は、昨今音読の習慣がすたれ、文章の音楽的効果と云うことが、忽諸に附されている所に存する**と思います。つまり、文章は「眼で理解する」ばかりでなく、「耳で理解する」ものでもあるのに、当世の若い人たちは見て分るように書きさえすればよいと思って、語呂とか音調とかに頓着せず、「何々的何々的」と云う風に無数に漢字を積み上げて行く。然るにわれ〳〵は、見ると同時に聴いて理解するのである。眼と耳とが共同して物を読むのである。ですからあまり沢山の漢字を一遍に並べられると、耳は眼の速力に追い付けなくなり、字形と音《おん》とが別々になって頭へ這入る、従って内容を理解するのに手間が懸るのであります。されば皆さんは、**文章を綴る場合に、まずその文句を実際に声を出して暗誦し、それがすら〳〵と云えるかどうかを試してみることが必要**でありまして、もしすら〳〵と云えないようなら、読者の頭に這入りにくい悪文であると極めてしまっても、間違いはありません。現に私は青年時代から今日に至るまで、常にこれを実行しているのでありますが、こう云う点から考えましても、朗読法と云うものは疎かに出来ないのでありまして、もし皆さんに音読の習慣がありましたら、蕪雑な漢語を無闇に羅列するようなこともなくなるであろうと信ずるのであります。

それで思い出しますのは、昔は寺子屋で漢文の読み方を教えることを、「素読を授ける」と云いました。**素読**とは、講義をしないでたゞ音読することであります。私の少年の頃にはまだ寺子屋式の塾があって、小学校へ通う傍そこへ漢文を習いに行きましたが、先生は机の上に本を開き、棒を持って文字の上を指しながら、朗々と読んで聴かせます。生徒はそれを熱心に聴いていて、先生が一段読み終ると、今度は自分が声を張り上げて読む。満足に読めれば次へ進む。そう云う風にして外史や論語を教わったのでありまして、意味の解釈は、尋ねれば答えてくれますが、普通は説明してくれません。ですが、古典の文章は大体音調が快く出来ていますから、わけが分らないながらも文句が耳に残り、自然とそれが唇に上って来、少年が青年になり老年になるまでの間には、折に触れ機に臨んで繰り返し思い出されますので、そのうちには意味が分って来るようになります。古の諺に、「読書百遍、意自ら通ず」と云うのはこゝのことであります。講義を聴いて分ったのは意味だけが分ったのでありまして、言外の味までが酌み取れたのではありませんから、その場限りで忘れてしまうことが多いのであります。たとえば大学にこう云う言葉があります。

詩《ニ》云《ク》。緡蛮《タル》黄鳥止《ルト》㆓于丘隅《ニ》㆒。子曰《ク》於《テ》㆑止《ルニ》知《ル》㆓其《ノ》所《ヲ》㆑止《ル》。可《ン》㆓以《テ》㆑人《ヲ》而不㆑如㆑鳥《ニ》乎《ヤ》。

これは「詩ニ云ク、緡蛮《めんばん》タル黄鳥《こうちよう》丘隅ニ止《とど》マルト。子曰《のたまわ》ク止マルニ於イテ其ノ止マル所ヲ知ル、人ヲ以テ鳥ニ如《し》カザル可ケン乎」と読むのでありまして、大学を習った者なら誰でも覚えている有名な文句でありますが、その癖その意味を現代語に訳してみよと云われれば、漢学者でない限り、普通の者にはちょっと出来ません。が、それにも拘らず、われ〳〵は漠然と分ったような気がしている。「緡蛮タル黄鳥」の緡蛮と云う文字も、字引を引いてみなければ本当のことは分りませんが、それでも一羽の鶯が丘の上の樹の枝に止まって美しい声で啼いていることだろうと、いつからともなく独りぎめにきめてしまっている。詩歌や俳句にはそう云う例が多いのでありまして、自分では分ったつもりでいるものですから、一度も疑いを挟んだことはありませんけれども、さて説明せよと云われれば出来ない。しかし、この漠然たる分り方が、実は本当なのかも知れません。なぜなら、原文の言葉を他の言葉に云い変えますと、意味がはっきりするようではありますけれども、大概の場合、或る一部分の意味だけしか伝わらない。「緡蛮タル黄鳥」はたゞ「緡蛮タル黄鳥」でありまして、他のいかなる文字や言葉を持って来ても、原文が含んでいる深さと幅と韻《ひびき》とを云い尽すことは出来ない。ですから、「分っているなら現代語に訳せる」と云えるはずのものではないので、そう簡単に考える人こそ分っていない証拠であります。そうしてみると、講釈をせずに素読だけを授ける寺子屋式の教授法が、真の理解力を与えるのに最も適した方法であるかも知れません。

かく申しましたならば、「分らせるように」書くことと「記憶させるように」書くこととは、二にして一であることがお分りになったでありましょう。即ち**真に**「**分らせるように**」**書くためには**「**記憶させるように**」**書くことが必要なのであります。**云い換えれば、字面の美と音調の美とは単に読者の記憶を助けるのみでなく、実は理解を補うのである。この二条件を備えていなければ、意味が完全には伝わらないのである。現にわれ〳〵が上に引用した大学の一節を記憶しているのは何故でありましょうか。云うまでもなく「緡蛮」と云う特異な字面とその文章全体の音調のためでありまして、これあるが故にこの句は長く記憶され、たび〳〵思い出され、その結果最初は漠然と、それから次第に明瞭に、本当の意味を会得するようになるのであります。前に挙げた太平記の一節などもそうでありまして、あゝ云う現代に通用しないものを今も私が覚えているのは、全く字面と音調のためであります。そうして、「一径涙尽きて愁未尽きず」とか、「鼎湖の雲を瞻望して」とか、「別を夢裏の花に慕ふ」とか云うような文句も、記憶されている限りはいつかその意味を悟る日が来る。要するに、言葉を多く使い過ぎるのは返す〴〵も間違いでありまして、言葉の不完全なところを字面や音調で補ってこそ、立派な文章と云えるのであります。

字面と音調、これを私は文章の**感覚的要素**と呼びますが、これが備わっていない現代の口語文は、文章として不具の発達を遂げたものでありまして、祝辞や弔辞等に今も和漢混交文が用いられると云う事実は、口語文が朗読に適しないことを雄弁に物語っているのであります。然るに古典の文章はこの感覚的要素を多分に備えているのでありますから、われ〳〵は大いに古典を研究して、その長所を学ばなければなりません。また和歌や俳句等も、この意味において非常に参考になるのであります。もと〳〵韻文と云うものは字面と音調とに依って生きているのでありますから、これこそ国文の粋とも申すべきもので、散文を作る上にもその精神を取り入れることが肝要であります。

現代文においても、感覚的要素がいかに大切な役割を果たしているかと云うことを知るために、皆さんはもう一度第二十六頁を開いて志賀直哉氏の「城の崎にて」の文章を吟味して御覧なさい。あの中の「其処で」「丁度」「或朝の事」「一つ所」「如何にも」「仕舞った」「然し」等の字面を、それ〳〵「そこで」「ちやうど」「或る朝のこと」「一つところ」「いかにも」「しまった」「しかし」と云う風に書き変えたとしたならば、もうそれだけであの文章のカッキリとした、印象の鮮明な感じが減殺されるでありましょう。これらは多く作者の筆癖で、無意識のうちに使っているのでありましょうが、しかしこの作者は決して字面に無頓着でない。こう云う引き締まった文章にはこの程度に漢字を交え、仮名を減らすのが有効であることを、承知しているのである。些細なことでありますが、「直ぐ細長い羽根を両方へシッカリと張つてぶーんと飛び立つ。」の所で、「シッカリ」を片仮名、「ぶーん」を平仮名にしているのも頷《うなず》ける。この場合、私が書いてもきっとこう書く。殊に「ぶーん」を「ブーン」と書いたのでは、「虎斑の大きな肥つた蜂」が空気を震動させながら飛んで行く羽音の感じが出ない。また「ぶうん」でもいけない、「ぶーん」でなければ真直ぐに飛んで行く様子が見えない。次にこの文章の終りの方を読んでみますと、

それが又如何にも死んだものといふ感じを与へるのだ。それは三日程その儘になつてゐた。それは見てゐて如何にも静かな感じを与へた。淋しかつた。他の蜂が皆巣に入つて仕舞つた日暮、冷たい瓦の上に一つ残つた死骸を見る事は淋しかつた。然しそれは如何にも静かだつた。

とありまして、一語一語は別に何でもありませんが、「それが」「それは」「それは」と三度畳んで来て、「淋しかつた。」と云う句を二度重ね、更にまた「然しそれは如何にも静かだつた。」と結んであり、「与へるのだ」「なつてゐた」「かつた」「だつた」と、た止めのセンテンスのみを重ねてありますので、この文章全体に一種の緊張した調子が出ている。「感じを与へる」「如何にも静か」と云う句も二度繰り返し使つてあ

る。即ち作者は、淋しい心境を説明するのにたゞ「淋しい」と云っているだけで何等くど／＼と餘計な言葉は費していない。そうして調子と繰り返しを以て、それをはっきり読者の胸に伝えているのであります。作者の如きは最も写実的な傾向の人でありまして、その文章も専ら達意を主としているのでありますが、しかも「意を達する」がためにはこれだけの用意が必要であることが知れるのであります。ですから、感覚的要素なるものは決して贅沢や虚飾の具ではありません。素朴な実用文においても、これを閑却してはしばしば用が足せないことが起るのであります。

なおまた、別に古典文の一種として**書簡文体**と云うものがあります。これは和文調とも漢文調とも云えない変態な文章、いわゆる**候文**《そうろうぶん》のことでありまして、これも追い／＼すたれてしまう運命にあるのでありましょうが、まだ現在では諸官省を始め、懐古趣味の老人などの間に通信用として用いられています。ところで私はあの文体の大まかな云い廻しが、やはり口語文を作るのに参考になると思うのであります。と云うのは、試みに今の若い人達に候文を書かせてみますと、満足に書ける者はほとんど一人もいない。文句の間へ「候」を挟むことだけは知っているが、それが無理に取って附けたようで、ぴったり格に篏まらない。なぜ篏まらないかと云うと、昔の候文は一つのセンテンスと次のセンテンスとの間に相当の**間隙**がある、前に云ったことと後に云ったこととが必ずしも論理的に繋がっていず、その間に意味の切れ目がある、そこが大いに餘情があって面白いのでありますが、今の人にはそれが分らないので、「候て」とか「候が」とか「候ひしが」とか云う風にして、意味の繋がりを附け、間隙を塡《うず》めようとするからであります。然るにこの間隙が、美しい日本文を作るのには大切な要素でありまして、口語文には最もそれが缺けております。故にわれ〳〵は、候文は書かないまでも、候文のコツを学ぶことは必要であります。

○　西洋の文章と日本の文章

われ〳〵は、古典の研究と併せて欧米の言語文章を研究し、その長所を取り入れられるだけは取り入れた方がよいことは、申すまでもありません。しかしながらこゝに考うべきことは、言語学的に**全く系統を異にする二つの国の文章の間には、永久に踰《こ》ゆべからざる墻がある**、されば、折角の長所もその墻を踰えて持って来ると、長所がもはや長所としての役目をせず、却って此方の固有の国語の機能をまで破壊してしまうことがある、と云う一事であります。しかも私の見るところでは、明治以来、われ〳〵はもう西洋文の長所を取り入れるだけ取り入れたのでありまして、これ以上取り入れることは即ち垣を踰えることになり、我が国文の健全な発達のためには害を及ぼす、いや、既に及ぼしつゝあるのであります。ですから今日の場合は、**彼の長所を取り入れることよりも、取り入れ過ぎたために生じた混乱を整理する**方が、急務ではないかと思うのであります。

昔、鎌倉時代のわれ〳〵の祖先は、漢文の語法を学んで和漢混交文と云う新体を作った。ですが、これさえ、よく考えてみますと、決して古代の支那語の構造を取り入れたとは云えない。たとえば「子曰《のたまわ》ク止マルニ於イテ其ノ止マル所ヲ知ル、人ヲ以テ鳥ニ如カザル可ケン乎」と云う風な云い廻しは、漢文的ではありましょうが、孔子様はこんな工合に下から上へ逆に仰っしゃったのではない。実際は「於止知其所止。可以人而不如鳥乎。」の十四字を、当時の支那音で縦に真直ぐに仰っしゃったのである。昔も今も支那語にはテニヲハがなく、動詞の次に目的格が来ることに変りはない。また「緡蛮タル」の「タル」に当るものは原文にはない。「タル」は「トアル」の略でありましょうが、これがなければ日本語として読みようがなく、どうにも意味が通じないので、送り仮名をしたのでありましょう。してみれば、かくの如き云い廻しも結局日本語の範囲を出ないのでありまして、たゞ漢文を日本語の語法に当て嵌めて読み下すために、多少無理な、新奇な云い廻しを考え出した、そうして最初は漢文を読み下す時にのみ使っていたその云い廻しを、国文を作るのに応用をした、それが和漢混交文であります。ですから、漢文の影響でかくの如き云い廻しが発明されたことは事実でありますが、この云い廻しそのものが漢文の語法ではありません。左様に、我が国と最も近い支那の言葉ですら、千年以上も接触しながらなかなか同化しないのでありますから、況んや関係の浅い西洋の言葉が、そう易々《やすやす》と取り入れられるはずはないのであります。

元来、われ〳〵の国語の欠点の一つは、**言葉の数が少い**と云う点であります。たとえば独楽《こま》や水車が転るのも、地球が太陽の周囲を廻るのも、等しくわれ〳〵は「まわる」もしくは「めぐる」と云います。しかし前者は物それ自身が「まわる」のであり、後者は一物が他物の周りを「まわる」のでありまして、両者は明らかに違っておりますが、日本語にはこう云う区別がない。が、英語は勿論、支那語でも立派に区別している。支那で日本語の「まわる」もしくは「めぐる」に当る語を求めれば、転、旋、繞、環、巡、周、運、回、循等、実にその数が多いのでありまして、皆幾らかずつ意味が違う。独楽や水車の「まわる」に当るものは旋と転との二字であり、繞は物の周りを離れず纏いめぐること、環は環《たまき》のように取り囲むこと、巡は巡回して視察すること、周はグルリと一とまわりすること、運は移り変って行くこと、回は渦巻き流れること、循は物について行くことで、非常に細かい区別があります。また桜の花の咲いている花やかな感じを云うにも、日本語では「花やかな」と云う形容詞しか思い出せませんが、漢語を使ってよいとなれば、爛漫、燦爛、燦然、繚乱等、まだ幾らでもあるでありましょう。さればわれ〳〵は「旋転する」「運行する」等の如く漢語の下へ「為《す》る」と云う言葉を結び着けて沢山の動詞を造り、「爛漫な」「爛漫たる」「爛漫として」等の如く「な」や「たる」や「として」と結び着けて無数の形容詞や副詞を作り、国語の**語彙**の乏しいのを補って来たのでありまして、この点で我等が漢語に負うところは多大であります。然るに今日では、いかに漢語の語彙が豊富でも、もうそれだけでは間に合わなくなりました。そこでわれ〳〵は「タクシー」「タイヤ」「ガソリン」「シリンダー」「メーター」などの如く英語をそのまゝ日本語化し、或は「形容詞」「副詞」「語彙」「科学」「文明」などの如く漢字を借りて西洋の言葉を翻訳したものを、用いるようになりました。これは実際こうしなければ用が足せないのでありますから、それで少しも差支えありません。我等の祖先がかつて漢語を取り入れた如く、我等も欧米の言葉を取り入れて国語を富ますのは、まことに結構なことであります。しかしながら、総べて物事は、よいことばかりはありません。漢語の上に西洋語、翻訳語までを加えて、われ〳〵の国語は俄かに語彙が豊富になりましたが、既にたび〳〵申す如く、そのためにわれ〳〵はあまりにも言葉の力を頼り過ぎ、おしゃべりになり過ぎて、沈黙の効果を忘れるようになりました。

国語と云うものは国民性と切っても切れない関係にあるのでありまして、日本語の語彙が乏しいことは、必ずしも我等の文化が西洋や支那に劣っていると云う意味ではありません。それよりもむしろ、**我等の国民性がおしゃべりでない証拠**であります。我等日本人は戦争には強いが、いつも外交の談判になると、訥弁のために引けを取ります。国際聯盟の会議でも、しば〳〵日本の外交官は支那の外交官に云いまくられる。われ〳〵の方に正当な理由が十二分にありながら、各国の代表は支那人の弁舌に迷わされて、彼の方へ同情する。**古来支那や西洋には雄弁を以て聞えた偉人がありますが、日本の歴史にはまず見当らない。**その反対に、**我等は昔から能弁の人を軽蔑する風が**

あった。実際にまた、第一流の人物には寡言沈黙の人が多く、能弁家となると、二流三流に下る場合が多いのである。ですから我等は、支那人や西洋人ほど言語の力を頼みとしない。弁舌の効果を信用しない。これは何に原因するかと云うのに、一つにはわれ〳〵が正直なせいでありましょう。つまりわれ〳〵は、実行するところを見て貰えれば、分る人は分ってくれる、自ら省みて天地神明に恥じなければ、別にくど〳〵と言いわけしたり吹聴したりするには及ばぬ、と云う気があるのでありましょう。孔子の言葉にも「巧言令色鮮矣仁」と云ってありまして、おしゃべりだから嘘《うそ》つきであるとは限りませんけれども、西洋は知らず、東洋においては、おしゃべりの人はとかく物事を修飾して実際以上に買い被らせる癖があり、信用されない傾きがありますので、君子は言葉を慎むことを美徳の一つに数えたのでありますが、取り分け日本人は、この点において潔癖が強い。われ〳〵の間には支那にもない「腹藝」と云う言葉があって、沈黙を藝術の上にまで持って来ている。また「以心伝心」とか「肝胆相照らす」とか云う言葉もあって、心に誠さえあれば、黙って向い合っていても自《おのず》からそれが先方の胸に通じる、千万言を費すよりもそう云う暗黙の諒解の方が貴いのである、と云う信念を持っております。われ〳〵にこう云う気風や信念があると云うのは、一層深く考えてみますと、東洋人特有の内気《うちき》な性質に由来するのでありまして、総べてわれ〳〵は、物事を内輪《うちわ》に見積ります、十の実力があるものなら七か八しかないように自分も思い、人にも見せかける、それが謙譲の徳にかなうとした。西洋人はその反対でありまして、十のものを十と云うのに何の遠慮も気がねもしません。彼等も謙譲の徳を知らないことはないでしょうが、しかし東洋流の謙譲は、彼等に云わせると卑怯でもあり、因循でもあり、或る場合には不正直でさえあるかも知れません。こう云うことは一長一短でありまして、何事に依らず西洋人が進取的であり、東洋人が退嬰的であるのを見れば、我等が彼等に学ぶべきところも多いのでありますが、優劣は暫く論じないとして、**上に述べたような日本人の国民性を考えますと、われ〳〵の国語がおしゃべりに適しないように発達したのも、偶然でない**ことが知れるのであります。なおもう一つ云いたいことは、われ〳〵は島国人であるせいか、西洋人や支那人に比べると、執拗《しつこ》くない。よく云えばアッサリしていてあきらめがよいのでありますが、悪く云えば気短かで、執着力がないので、一つ事をあまりあくどく云うのを嫌う。云ってみても始まらない、どうせこれ以上分りっこはないと思ったり、なるようにしかならないと思えば、好い加減に見切りをつけて、あきらめてしまう。この性質がやはり国語に影響しているに違いないのであります。

国語の長所短所と云うものは、かくの如くその国民性に深い根ざしを置いているのでありますから、**国民性を変えないで、国語だけを改良しようとしても無理**であります。ですからわれ〳〵は、漢語や西洋語の語彙を取り入れて国語の不足を補うことは結構でありますが、それにも自ら程度があることを忘れてはなりません。なぜなら、われ〳〵の国語の構造は、少い言葉で多くの意味を伝えるように出来ているので、沢山の言葉を積み重ねて伝えるようには、出来ていないからであります。今試みに実例を挙げてこのことを説明致しますが、まず皆さんは次の英文を読んで御覧なさい。

——His troubled and then suddenly distorted and fulgurous, yet weak and even unbalanced face——a face of a sudden, instead of angry, ferocious, demoniac——confused and all but meaningless in its registration of a balanced combat between fear and a hurried and restless and yet self-repressed desire to do——to do——to do——yet temporarily unbreakable here and here——a static between a powerful compulsion to do and yet not to do.

これはアメリカの現代作家テオドール・ドライザー氏の長篇小説「アメリカの悲劇」

の一節であります。この小説は先年スタンバーグと云う有名な映画監督が映画化しまして日本にも輸入されたことがありますから、皆さんのうちには多分あの絵を御覧になった方もあるでしょう。そうしてこゝに描いてあるのは、篇中の主人公クライドと云う人物が殺人を行おうとして決しかねている、一刹那の顔の表情でありますが、この長い〳〵文句が、悉く「顔」と云う語に附随する形容句でありまして、更に一層長いセンテンスの一部分なのでありますから、実に驚くべき精密さであります。今この原文を、出来るだけ忠実に、逐字的に訳してみますと、次のようなことになります。

彼の困惑した、そうしてそれから突然に歪められ、閃々と輝いているところの、だが弱々しく、そうして平衡をさえ失っている顔、――急に変った或る一つの顔、憤怒に充ちた、猛悪な、悪魔的なと云うのではなくて、――慌しい、胸騒がしい、だがじっと抑えつけられている、――だが時も時とて打ち克ち難いところの、――やっちまえ、――やっちまえ、――やっちまえと云う欲望と恐怖との間の、決定し難い相剋を示しつゝほとんど無表情になった、そうして混乱した顔、――やろう、いや止そう、と云う意志が恐ろしい迫《せ》り持ちになった静止状態。

私はこれを、故意に分りにくく訳したのではありません。逐字的にとは云いましたけれども、分り易くするために或る所では言葉の順序を変え、或る所では原文にない言葉を補い、或る所では原文の言葉を多少歪めたり省略したりしてあります。私の考えでは、日本語としてこれが精一杯と云う程度にまで直訳したのでありまして、もうこれ以上原文に附けば日本語ではなくなってしまう。ところで皆さんは、この句の中にいかに多くの語彙が積み重ねてあるかを調べて御覧なさい。まず「困惑した」、「歪められた」、「閃々と輝いた」、「弱々しい」、「平衡を失った」、「急に変った」、「憤怒に充ちた」、「猛悪な」、「悪魔的な」、「ほとんど無表情になった」、「混乱した」等十一の形容詞が、顔、"face"と云う一語にかゝっている。それから、その「無表情になった」と云う語を説明するところの「決定し難い相剋」と云う語を、更に説明するところの「欲望」と云う語に、「慌しい」、「胸騒がしい」、「じっと抑えつけられた」、「打ち克ち難いところの」と云う四つの形容詞が附いている。そうしてそれらの形容詞を連ねるのに、"yet"――「だが」と云う言葉が四つ、"and"――「そうして」と云う言葉が九つある。――私の訳文では、この九つがあまりうるさいので三つに減らしてありますが、日本文としては実はこの三つもない方がよい。――この外にそれらの形容詞を制限する"suddenly" "temporarily"の如き副詞があり、なお原文に

は "fear" の次に括弧をして、(a chemic revulsion against death or murderous brutality that would bring death) と云う文句が附いています。評論家の小林秀雄氏はその著「続文藝評論」の中にこの英文を引用して、「これはドライザアの描いたクライドの顔である。精細な心理解析の見本を沢山みせられてゐる私達は、この文章を別段見事だとも感じない。併し彼がもっと精細にクライドの顔を心理的に分析してみせてくれたとしても、読む者は決してクライドのほんたうの顔を思ひ浮べる事は出来ぬのである。」と云っています。出来るか出来ないか、それは皆さんの御意見に任せるとして、西洋人は顔一つにもこれだけ精密な描写をしないと、気が済まないのであります。が、原文においては、羅列してある沢山の形容詞が順々に読者の頭に這入り、作者の企図した情景が或る程度には現わされている。それは英文の構造が多くの形容詞を羅列するのに適するように出来ているからであり、かつこの場合には、"yet self-repressed desire to do――to do――to do――yet temporarily unbreakable here and here――" と云い、"a powerful compulsion to do and yet not to do." と云うようなリズムが大いに効果を助けているので、こう云うところに原作者の苦心が窺われます。が、訳文の方は、辛うじて原文の語句を追いかけているだけで、並べてある形容詞が一向頭に這入って来ません。読者はたゞごじゃ〳〵した言語の堆積を感ずるに止まり、どう云う顔つきを云っているのかよく分りません。第一、「慌しい」から「打ち克ち難いところの」までの形容詞は「欲望」にかゝり、その前後の形容詞だけが「顔」にかゝるのでありますが、日本文の構造ではそう云う区別がつきません。そこで、もう少し原文を離れて、言葉の順序を日本文らしく取り換えてみますと、次のようになります。

彼の、最初は困惑の色を浮かべていたが、やがて突然歪んで、怪しい輝きを帯び出した、弱々しい、不安そうな顔、——急に変った或る一つの顔、それは憤怒に充ちた、猛悪な、悪魔的なと云うのではなくて、——慌しい、胸騒がしい、だがじっと抑えつけられている欲望と、——そうしてまた、やっちまえ、——やっちまえ、——やっちまえと唆かしているところの、この場合打ち克ち難い欲望と恐怖との相剋を示しつゝほとんど無表情になった、混乱した顔、——やろう、いや止そう、と云う二つの意志が恐ろしい迫り持ちになった静止状態。

これなら、どの形容詞がどの名詞にかゝるかと云うことは分ります。しかしようやく意味が辿れるだけのことでありまして、決してすら〳〵と頭に這入って来るのではなく、況んやこれらの形容詞に当て嵌まる複雑な表情の顔つきが浮かんで来るなどは、思いも寄りません。われ〳〵の国語の構造では、あまり言葉を重ねると重ねただけの効果がなく、却って意味が不明瞭になることは、この例を見ても明らかであります。なおもう一つ、今度は日本語の原文と、その英訳とを対照してみましょう。次に掲げるものは源氏物語の須磨の巻の一節と、英人アーサー・ウエーレー氏の英訳であります。

かの須磨は、昔こそ人のすみかなどもありけれ、今はいと里ばなれ、心すごくて、海人《あま》の家だに稀になむと聞き給へど、人しげく、ひたたけたらむ住ひは、いと本意なかるべし。さりとて都を遠ざからむも、古里覚束なかるべきを、人わろくぞ思し乱るゝ。よろづの事、きし方行末思ひつゞけ給ふに、悲しき事いとさま〴〵なり。

これを、ウエーレー氏はどんな風に訳したかと云うと、

There was Suma. It might not be such a bad place to choose. There had indeed once been some houses there; but it was now a long way to the nearest village and the coast wore a very deserted aspect. Apart from a few fishermen's huts there was not anywhere a sign of life. This did not matter, for a thickly populated, noisy place was not at all what he wanted; but even Suma was a terribly long way from the Capital, and the prospect of being separated from all those whose society he liked best was not at all inviting. His life hitherto had been one long series of disasters. As for the future, it did not bear thinking of!

（須磨と云う所があった。それは住むのにそう悪い場所でないかも知れなかった。まことにそこにはかつて若干の人家があったこともあるのである、が、今は最も近い村からも遠く隔たっていて、その海岸は非常にさびれた光景を呈していた。ほんの僅かな漁夫の小屋の外には、何処も人煙の跡を絶っていた。それは差支えのないことであった、なぜなら、多く人家のたてこんだ騒々しい場所は、決して彼の欲するところではなかったのであるから。が、その須磨さえも都からは恐ろしく遠い道のりなのであった。そうして彼が最も好んだ社交界の人々の総べてと別れることになるのは、決して有難いものではなかった。彼のこれまでの生涯は不幸の数々の一つの長い連続であった。行く末のことについては、心に思うさえ堪え難かった！）

と、こうであります。

ウエーレー氏の源氏の英訳は、近頃の名訳であると云う評判が高いのでありまして、日本人が読んでさえなか〳〵理解しにくい古典を流暢な英文に翻訳し、しかも原作を貫く精神とリズムとを或る程度に生かし得ていることは、大いに感謝してよいのであります。こゝに引用した一節なども、英文としてみれば恐らく立派なものでありましょう。されば私も、この文章を批難する気はありませんが、たゞ、同じことを書いても英語にするといかに言葉数が多くなるかと云う実例として、お目にかけるのであります。御覧の通り、原文で四行のものが、英文では八行（その直訳で九行）に伸びています。それもそのはず、英文には原文にない言葉が沢山補ってあるのであります。たとえば「それは住むのにそう悪い場所でないかも知れなかった。」"It might not be such a bad place to choose." と云う文句は原文にはない。「今はいと里ばなれ、心すごくて、海人の家だに稀になむと聞き給へど、人しげく、ひたたけたらむ住ひは、いと本意なかるべし。」と、そう云っているだけである。然るに英文ではこの原文の文句をまた引き伸ばして、「今は最も近い村からも遠く隔たっていて、その海岸は非常にさびれた光景を呈していた。ほんの僅かな漁夫の小屋の外には云々」から「決して彼の欲するところではなかったのであるから。」まで、三四行を費しています。一方では「古里覚束なかるべきを」と云っているのが、一方では「彼が最も好んだ社交界の人々の総べてと別れることになるのは、」となっており、「よろづの事、きし方行末思ひつゞけ給ふに、悲しき事いとさま〲なり。」が、「彼のこれまでの生涯は不幸の数々の一つの長い連続であった。行く末のことについては、心に思うさえ堪え難かった!」となっております。つまり、英文の方が原文よりも精密であって、意味の不鮮明なところがない。原文の方は、云わないでも分っていることは成るべく云わないで済ませるようにし、英文の方は、分り切っていることでもなお一層分らせるようにしています。

しかし原文も、必ずしも不鮮明なのではない。なるほど「古里覚束なかるべし」と云うよりは「彼が最も好んだ社交界の総べての人々と別れること」と云った方がはっきりはしますけれども、都を遠く離れて行く源氏の君の悲しみは、この人々と別れることばかりではない。そこにはいろ〱の心細さ、淋しさ、遣る瀬なさが感ぜられるでありましょう。さればそれらの取り集めた心持を「古里覚束なかるべし」の一語に籠めたのでありまして、英文のように云ってしまっては、はっきりはしますけれどもそれだけ意味が限られて、浅いものになります。そうかと云って、その取り集めた心持を細かに分析して剰すところなく云おうとすれば、かのドライザー氏の文章の翻訳の如きものになり、却って分りにくくなるばかりでなく、恐らくはどんなに言葉を積み重ねても、これで云い足りたと云う時はないでありましょう。全体、こう云う場合の悲しみは、分析し出したら際限のないもので、自分にもその輪廓がはっきり突き止められないのが常であります。ですからわれ〳〵の国の文学者は、そう云う無駄な努力をしないで、わざとおおまかに、いろ〳〵の意味が含まれるようなユトリのある言葉を使い、あとは感覚的要素、即ち調子や字面やリズムを以て補います。前に、古典の文章には一語一語に月の暈《かさ》のような蔭があり裏があると云ったのはこゝのことでありまして、云い換えれば、僅かな言葉が暗示となって読者の想像力が働き出し、足りないところを読者自らが補うようにさせる。作者の筆は、たゞその読者の想像を誘い出すようにするだけである。そう云うのが古典文の精神でありますが、西洋の書き方は、出来るだけ意味を狭く細かく限って行き、少しでも蔭のあることを許さず、読者に想像の餘地を剰さない。われ〳〵からみれば、「彼が最も好んだ社交界の云々」では極まり切ってしまって餘情がなさ過ぎますけれども、彼等からみれば、「古里覚束なかるべし」では何のことか分らない、なぜ覚束ないのであるかその理由を明示しなければ、得心が行きません。

西洋の言葉は、支那の言葉と同じように動詞が先に来て、次に目的格が来る。またテンスの規則があって、時間的に細かい区別をつけることが出来、前の動作と後の動作とがはっきり見分けられる。また、関係代名詞と云う重宝な品詞があって、混雑を起すことなしに、一つのセンテンスに他のセンテンスを幾らでも繋げて行くことが出来る。その他、単数複数、性の差別等、いろ〳〵な文法上の規定がある。そう云う構造なればこそ、多くの語彙を積み重ねても意味が通じるのでありますが、全然構造を異にする国語の文章に彼等のおしゃべりな云い方を取り入れることは、酒を盛る器に飯を盛るようなものであります。然るに現代の人々は深くこの事実に留意しないで、とかく言葉を濫費する癖があります。彼等の書く文章は、孰方かと云うと、古典文よりは翻訳文の方に近い。小説家、評論家、新聞記者等、文筆を業とする人の文章ほど、なおそう云う傾きがある。西洋人は、上に挙げた英文を見ても分るように「総べて」"all"とか「最も」"most"とか云う言葉を惜しげもなく並べ立てますが、現代の日本人もいつかその真似をして、その必要のないところに最上級の形容詞を使う。かくてわれ〳〵は、われ〳〵の祖先が誇りとしていた奥床しさや慎しみ深さを、日に〳〵失いつゝあるのであります。

たゞこゝに困難を感ずるのは、西洋から輸入された科学、哲学、法律等の、**学問に関**

する**記述**であります。これはその事柄の性質上、緻密で、正確で、隅から隅まではっきりと書くようにしなければならない。然るに日本語の文章では、どうしても巧く行き届きかねる憾みがあります。従来私は、しば／＼独逸《ドイツ》の哲学書を日本語の訳で読んだことがありますが、多くの場合、問題が少し込み入って来ると、分らなくなるのが常でありました。そうしてその分らなさが、哲理そのものの深奥さよりも、日本語の構造の不備に原因していることが明らかでありますので、中途で本を投げ捨ててしまったことも、一再ではありません。けだし、東洋にも昔から学問や技術のことを書いた著述がないことはありませんけれども、われ／＼の方は「曰く云い難し」的の境地を貴んで、あまり露わに書くことを嫌った。これも一つには、われ／＼が言語の力を頼りとしない習性に因るのでありましょう。徒弟教育時代には弟子が直接先生の口伝を受け、または先生の人格に陶冶されて自然と会得するところがあったので、それで差支えなかったのでありましょう。かく考えて来ますならば、われ／＼の国の文章が科学的の著述に適しないことは当然でありますが、これは何とかしてその缺陥を補わなければなりません。今日、我が国の科学者たちはいかにしてその不便を凌いでいるかと云うのに、読むにも書くにも、大概原語で間に合わせているらしいのであります。彼等は講義をするのにも、日本語の間へ非常に多くの原語を挟む。論文を発表するのにも、日本文でも書くが、同時に外国文で発表し、そうして外国文の方を標準とする。日本文の方は、専門の知識と外国語の素養のある者には分りますけれども、しろうとが読んだのでは、分りッこはない。私はよく、中央公論や改造等の一流雑誌に経済学者の論文などが載っているのを見かけますが、あゝ云うものを読んで理解する読者が何人いるであろうかと、いつも疑問に打たれます。それもそのはず、彼等の文章は読者に外国語の素養のあることを前提として書かれたものでありまして、体裁は日本文でありますけれども、実は外国文の化け物であります。そうして化け物であるだけに、分らなさ加減は外国文以上でありまして、あゝ云うのこそ悪文の標本と云うべきであります。実際、翻訳文と云うものは外国語の素養のない者に必要なのでありますが、我が国の翻訳文は、多少とも外国語の素養のない者には分りにくい。ところが多くの人々はこの事実に気が付かないで、化け物的文章でも立派に用が足せるものと思っている、考えるとまことに滑稽であります。

然らばこの缺陥をいかにして補ったらよいかと申しますと、これはわれ〳〵の物の考え方、長い間に培われた習慣や、伝統や、気質等に由来するのでありますから、文章だけの問題ではなくなって来ます。たゞ、さしあたり考えられますことは、自分の国の国語を以て発表するのに不向きなような学問は、結局借り物の学問であって、ほんとうに自分の国のものとは云えない。されば、早晩われ〳〵はわれ〳〵自身の国民性や歴史にかなう文化の様式を創造すべきでありましょう。われ〳〵は今日までに、泰西のあらゆる思想、技術、学問等を一と通り吸収し、消化しました。そうして種々なる不利な条件を課せられながら、或る部門においては先進国を追い越して、彼等を指導せんとしている。時代はもはや我等が文化の先頭に立って独創力を働かすべき機運に達しているのである。故に今後はいたずらに彼等の模倣をせず、彼等から学び得たことを、何とかして東洋の伝統的精神に融合させつゝ、新しい道を切り開かねばなりますまい。が、それはこの読本の範囲外に属することでありますから、こゝでは深く論じますまい。**この読本で取り扱うのは、専門の学術的な文章でなく、我等が日常眼に触れるところの、一般的、実用的な文章であります**が、しかも今日は科学教育万能の餘弊を受けて、そう云う一般の実用的な文章までが、専門の熟語を使ったり学術的な云い廻しを真似たりして、不必要に記述の精密を衒《てら》い、実用の目的から離れつゝある。何よりもわれ〳〵は、この悪い癖を改めなければなりません。私に云わせれば、実用の文章のみならず、学術的な文章の或るもの、たとえば法律書や哲学書の如きものでも、その或るものは緻密に書けば緻密に書くほど疑義が生じて来ますので、論理的遊戯に耽るのでない限り、古い東洋の諸子百家や佛家の語録の形式等を借りた方が、われ〳〵には理解し易く、読んだものが真に身に着くと思います。とにかく、**語彙が貧弱で構造が不完全な国語には、一方においてその缺陥を補うに足る充分な長所があることを知り、それを生かすようにしなければなりません。**

二　文章の上達法

○ 文法に囚われないこと

文章の上達法については、既に述べたところで自《おのずか》ら明らかになっている点が多いと思いますから、こゝにくだ〳〵しくは申しますまい。で、出来るだけ簡単に説いて、御注意を促すに止めて置きます。

第一に申し上げたいのは、

文法的に正確なのが、必ずしも名文ではない、だから、文法に囚われるな。

と云うことであります。

全体、**日本語には、西洋語にあるようなむずかしい文法と云うものはありません。**テニヲハの使い方とか、数の数え方とか、動詞助動詞の活用とか、仮名遣いとか、いろ

〱日本語に特有な規則はありますけれども、専門の国学者でもない限り、文法的に誤りのない文章を書いている人は、一人もないでありましょう。また、間違えても実際には差支えなく通用している。私がしば〱奇異に感ずるのは、電車に乗ると、車掌がやって来て「誰か切符の切ってない方はありませんか」と云って廻ります。この車掌の言葉などは、文法的に解剖すると、よほどおかしい。しかし実際にはこれで通用しているので、もしこの言葉を文法的に間違いなく云おうとすると、どんな風に云ったらよいか、よほど長たらしい、聞き取りにくいものになるでありましょう。こう云う例は幾らもあるのでありまして、**われ〱の国の言葉にもテンスの規則などがないことはありませんけれども、****誰も正確には使っていません**し、一々そんなことを気にしていては用が足りません。「した」と云えば過去、「する」と云えば現在、「しよう」と云えば未来でありますが、その時の都合でいろ〱になる。一つの連続した動作を叙するにも、「した」「する」「しよう」を同時に使ったり前後して使ったり、全く規則がないのにも等しい。だがそれでいて実際には何の不便もなく、現在のことか過去のことかはその場〱で自《おのずか》ら判別がつく。**日本語のセンテンスは必ずしも主格のあることを必要としない。**「お暑うございます。」「お寒うございます。」「御機嫌はいかゞでいらっしゃいます。」などと云う時に、一々「今日のお天気は」とか「あなたは」とか断る者は誰もいない。「暑い。」「寒い。」「淋しかった。」でも、立派に一つのセンテンスになり得る。つまり日本語には英文法におけるセンテンスの構成と云うようなものが存在しない。どんな句でも、たった一つの単語でも、随時随所に独立したセンテンスになり得るのでありますから、われ〳〵は特にセンテンスなどと云うものを考えるまでもない。で、こう申しては少し極端かも知れませんが、日本語の文法と云うものは、動詞助動詞の活用とか、仮名遣いとか、係り結びとかの規則を除いたら、その大部分が西洋の模倣でありまして、習っても実際には役に立たないものか、習わずとも自然に覚えられるものか、孰方かであります。

しかしながら、左様に**日本語には明確な文法がありませんから、従ってそれを習得するのが甚だ困難**なわけであります。一般に、外国人に取って日本語ほどむずかしい国語はないと云われる。また欧羅巴《ヨーロッパ》の国語のうちでは、英語が一番習うのにむずかしく、独逸語が一番やさしいと云われる。それはなぜかなら、独逸語には実に細かい規則がありますので、最初に一と通りその規則を覚え込んでしまえば、あとは一々の場合にそれを当て篏めて行けばよい。然るに英語は、独逸語ほど規則が綿密でなく、また、規則に当て篏まらない例外の場合がある。たとえば文字の読み方にしても、独逸語の方は整然たる規則があるので、それに従えば知らない文字でも読むことだけは出来ますのに、英語の方は、aの字一つでもいろ〳〵に発音する。況んや日本語になると、読み方などは日本人の間でもまち〳〵であり、その他総べての場合の規則が、あると云えばあるようなものの、外国人にも分るように説明せよと云われると、出来ないものが沢山ある。西洋人が最も困難を感ずるのは、主格を現わすテニヲハの「ハ」と「ガ」の区別だそうでありますが、なるほど、「花は散る」と云うのと「花が散る」と云うのと、明らかに使い道が違っておりまして、われ〳〵ならその場に臨んで迷うことはありませんけれども、さてそれを、一般に当て篏まる規則として、抽象的に云えと云えば出来ない。文法学者は何とか彼とか説明を与えて、一応の体裁は取り繕《つくろ》うでありましょうが、そんな説明は実際の役に立たない。「でございます」「であります」「です」などの区別も、甚だ微妙でありまして、理窟では何とも片附けられない。そう云う次第でありますから、日本語を習いますのには、実地に当って何遍でも繰り返すうちに自然と会得するより外、他に方法はないと云うのが真実であります。

ところが、今日はどこの中学校へ行きましても、日本文法の科目があるのでありまして、皆さんもそれをお習いになったに違いない。これはいかなる必要があってそう云うものを教えるかと申しますのに、われ〳〵同胞は、外国人と違いまして、生れ落ちた時から国語に親しんでおりますが故に、口でしゃべる場合にはさしたる困難を感じませぬけれども、ひとたびそれを文字で現わす、文章で書く、と云う段になりますと、外国人と同じように、拠るべき規則のないことに悩まされます。殊に今日の学生は小学校の幼童といえども科学的に教育されておりますので、昔の寺子屋のような非科学的な教え方、理窟なしに暗誦させたり朗読させたりするのでは、承服しない。第一頭が演繹や帰納に馴らされておりますので、そう云う方法で教えないと、覚え込まない。生徒がそうであるのみならず、先生の方も、昔のように優長な教え方をしてはいられませんから、何かしら、基準となるべき法則を設け、秩序を立てて教えた方が都合がよい。で、今日学校で教えている国文法と云うものは、つまり双方の便宜上、非科学的な国語の構造を出来るだけ科学的に、西洋流に偽装しまして、強いて「こうでなければならぬ」と云う法則を作ったのであると、そう申してもまず差支えなかろうかと思います。たとえば主格のないセンテンスは誤りであると教えておりますのは、そう定めた方が教え易く、覚え易いからでありまして、実際には一向その規則が行われていない。また、今日の人の書く文章には「彼は」「私は」「彼等の」「彼女等の」等の人称代名詞が頻繁に用いられておりますけれども、その使い方が欧文のように必然的でない。欧文では、使うべき時には必ず使ってありますので、勝手にそれを省くわけには行かないのでありますが、日本文では、同じ人の書いた同じ文章の中でも、使われたり略されたりしていまして、合理的でない。それと云うのが、もともとそう云うものを必要としない構造なのでありますから、気紛れに使ってみることはありましても、長続きがしないのであります。

服部は何よりも自分の体の臭いを嗅ぐ時に、自分が馬だの豚だのと大して違いはない状態に居ることを感じた。この臭いが附いて居る自分は、高尚な人間の一人ではなく、虎や熊と一緒に動物園へ入れられる仲間であるような心地がした。けれども彼がその臭いを気にする間はまだ人間だったかも知れないのだが、貧乏が彼を堕落させるにつれて、彼は次第にそれを忘れるように努め、なるべく獣《けだもの》の仲間になる修行をした。もうこの頃では一と月に一度か二度も湯へ這入ればせい〴〵であった。それに、不養生の結果いつの間にか心臓を悪くして居て、とてもたび〳〵入浴する事は出来なかった。こんなになって居ても、彼はやっぱり死ぬのが恐《こわ》かったのであろう、風呂の中でふらふらと眩暈《めまい》がしたり、動悸が激しく搏ち出したりすると、今にも気が違いそうに狼狽して、「助けてくれ！」と云いながらやにわに誰にでもしがみ着きたい気持になるのである。全く、死ぬよりは獣《けだもの》ででも生きて居る方が増しかも知れない！　だから服部はこの死の恐怖を逃れるためにも、不潔を忍ばなければならなかった。そうして今では、彼の周囲のあらゆる物に附き纒《まつ》わって居る悪臭を、まるきり感じないまでになっていた。のみならず、意地穢なの場合と同じに、その不潔の底に沈湎する事を秘密な楽しみにもした。（中略）で、彼が今、南から貰った葉巻を持ちながら、その手元を不思議そうに眺めて居るのも、大分それに似た心持からであろう。やがて葉巻を左の手に持ち換えると、垢とやにとで べたべたになった右手の人差指と親指とを何か面白い事がありそうにぬるぬる擦《こす》り合って居たが、暫くすると、今度はその二本の指を鼻先で開いて脂汗《あぶらあせ》のために指紋がギラギラ光って居る指の腹をじっと視詰めた、――相変らずどんよりした睡そうな眼をしながら。それから、指紋のギラギラから、ふと或る事を思い付いたらしく首を挙げて南を見た。

この文章は、私が十数年前に書いた「鮫人」と云う小説の一節でありまして、代名詞の使い方がいかに気紛れであるかを示すために、こゝに引用したのであります。当時私は、今でも多くの青年たちがそうであるように、努めて西洋文臭い国文を書くことを理想としておりました。さればこの文章の中にも、「彼は」「彼を」「彼の」等の代名詞が夥しく使ってありますが、御覧の如くその使い方に必然さがありません。「彼」がその臭いを気にする間はまだ人間だったかも知れないのだが、貧乏が彼を堕落させるにつれて、彼は次第にそれを忘れるように努め」と云うあたりは、「彼」と云う言葉がうるさく出て来ますけれども、「やがて葉巻を左の手に持ち換えると」から以下、「首を挙げて南を見た」までには、一つも使ってない。これが英文でありましたならば、「やがて」から以下にも当然三人称代名詞が二つや三つは使われるはずでありますが、日本文だと、どんなに英文の真似がしたくても、そう頻繁に使うことは文章の体裁が許さない。最初は正確に使うつもりでいましても、いつの間にか国文の本来の性質に引き擦られて、真似が続かなくなるのであります。

次に皆さんは、これと比較するために左の古典文を読んで御覧なさい。

あふ坂の関守にゆるされてより、秋こし山の黄葉《もみぢ》みすごしがたく、浜千鳥の跡ふみつくる鳴海《なるみ》がた、不尽《ふじ》の高嶺の煙、浮島がはら、清見が関、大磯小いその浦々、むらさき艶《にほ》ふ武蔵野の原、塩竈の和《な》ぎたる朝げしき、象潟《きさがた》の蜑《あま》が笘屋《とまや》、佐野の舟梁《ふなはし》、木曽の桟橋《かけはし》、心のとゞまらぬかたぞなきに、猶西の国の歌枕見まほしとて、仁安三年の秋は、葭《あし》がちる難波を経て、須磨明石の浦吹く風を身にしめつも、行く〳〵讃岐の真尾坂の林といふにしばらく笻《つゑ》をとゞむ。草枕はるけき旅路の労《いたはり》にもあらで、観念修行の便《たより》せし庵なりけり。この里ちかき白峰といふ所にこそ、新院の陵《みさゝぎ》ありと聞いて、拝みたてまつらばやと、十月《かんなづき》はじめつかたかの山に登る。松柏《まつかしは》は奥ふかく茂りあひて、青雲《あをくも》の軽靡《たなび》く日すら小雨そぼふるが如し。児《ちご》ヶ嶽といふ嶮しき嶽背《うしろ》に聳だちて、千仭の谷底より雲霧おひのぼれば、咫尺《まのあたり》をも鬱悒《おぼつかな》きこゝちせらる。木立わづかにすきたる所に、土墩《たか》く積みたるが上に、石を三つかさねて畳みなしたるが、荊棘葛蘿《うばらかつら》にうづもれて、うらがなしきを、これなん御墓にやと心もかきくらまされて、さらに夢現《ゆめうつゝ》をわきがたし。現《げ》にまのあたり見奉りしは紫宸清涼の御座《みくら》に朝政《あさまつりごと》きこしめさせ給ふを、百《もゝ》の官人《つかさ》は、かく賢《さかし》き君ぞとて、詔恐《みことかしこ》みてつかへまつりし。近衛院に禅《ゆづ》りましても、藐姑射《はこや》の山の瓊《たま》の林に禁《し》めさせ給ふを、思ひきや麋鹿《びろく》のかよふ路のみ見えて、詣でつかふる人もなき深山の荊《おどろ》の下に神がくれたまはんとは。万乗の君にてわたらせ給ふさへ、宿世《すくせ》の業《ごふ》といふものゝ、おそろしくもそひたてまつりて、罪をのがれさせ給はざりしよと、世のはかなさに思ひつゞけて、涙わき出づるが如し。終夜《よもすがら》供養したてまつらばやと、御墓の石の上に座をしめて、経文徐かに誦《ず》しつゝも、かつ歌よみてたてまつる。

これは徳川時代の国文学者、上田秋成の短篇小説集「雨月物語」の開巻第一に収めてある「白峰」の書き出しでありまして、物語の主人公は西行法師であり、こゝに掲げた十のセンテンスのうちの五つまでは西行が主格になっているのでありますが、「西行は」とも「彼は」とも、主格と見なすべき言辞はどこにも発見されません。かつ、「仁安三年の秋」とあり「近衛院に禅りまして云々」とありますので、歴史を知っている者には時代を推測することが出来、「新院」と云う語がどなたのことを指しているのか分りますけれども、昔のことを記すのに「笻をとゞむ」「山に登る」「こゝちせらる」「よみてたてまつる」等、現在止めの文章で一貫しているのかと思えば、「笻をとゞむ」の直ぐ後へ持って来て、「観念修行の庵なりけり」と、過去止めが挿んである。されば英文法における歴史的現在、"Historical Present"の用法とも違っているのでありまして、結局、「時」の関係などは無視されているのであります。私はこの秋成の文章を古典的名文の一つに数えたいのでありますが、これがなぜ名文であるかは追って説明いたしますから、今は別に申しますまい。たゞ皆さんは、こう云う時間の関係も主人公の存在も分らないような文章こそ、われ〳〵の国語の特長を利用した模範的な日本文であることを、記憶して頂きたいのであります。

かように申しましても、私は文法の必要を全然否定するのではありません。**初学者に取っては、一応日本文を西洋流に組み立てた方が覚え易いと云うのであったら、それ**

も一時の便法として已むを得ないでありましょう。ですが、そんな風にして、**曲りなりにも文章が書けるようになりましたならば、今度はあまり文法のことを考えずに、文法のために措かれた煩瑣な言葉を省くことに努め、国文の持つ簡素な形式に還元するように心がけるのが、**名文を書く秘訣の一つなのであります。

○　感覚を研《みが》くこと

文章に上達するのには、どう云うのが名文であり、どう云うのが悪文であるかを知らなければなりません。しかしながら、文章のよしあしは「曰く云い難し」でありまして、唯今も述べましたように理窟を超越したものでありますから、**読者自身が感覚を以て感じ分けるより外に、他から教えようはない**のであります。仮りに私が、**名文とはいかなるものぞ**の質問に強いて答えるとしましたら、

長く記憶に留まるような深い印象を与えるもの

何度も繰り返して読めば読むほど滋味の出るもの

と、まずそう申すでありましょうが、この答案は実は答案になっておりません。「深

い印象を与えるもの」「滋味の出るもの」と申しましても、その印象や滋味を感得する感覚を持っていない人には、さっぱり名文の正体が明らかにならないからでありま す。

簡素な国文の形式に復れと申しましても、無闇に言葉を省いたらよい訳ではありません。文法に囚われるなと申しても、故意に不規則な云い方をし、格やテンスを無視したものがよいとは限りません。時に依り、題材に依っては、精密な表現を必要とし、西洋流の言葉使いをもしなければならないのでありまして、あらかじめ「こうであらねばならぬ」「あってはならぬ」と、一律に極めてしまうことは危険であります。つまり、「名文とはかく〳〵の条件を備えたものである」と云う標準がないのでありますから、文法的に正しい名文、文法の桁を外れた名文、簡素な名文、豊麗な名文、流暢な名文、佶屈《きっくつ》な名文と、各種各様の名文があるのでありまして、こう云う国語を持ったわれ〳〵は、最も独創的な文体を編み出すことも出来、また、下手をすれば支離滅裂な悪文家に堕する恐れもある。しかも名文と悪文との差は紙一と重《え》でありまして、西鶴や近松のような独創性のない者が彼等の文章の癖を真似ると、多くの場合物笑いの種になるような悪文が出来上るのであります。

行するゐのしらぬ浮世、うつり替るこそ変化《へんげ》のつねにおもひながら、去年もはや暮て、初霞の朝長閑《のどか》に、四隣《しりん》の梢も蠢《うごき》、よろづ温和にして心もいさましげなるこそ、しばらく此《この》所《ところ》をも去て世の有様をも窺ひ猶身の修行にもせんと思ひ、さしも捨がたき窟《いはや》の中を立出《たちいで》、志《こゝろざ》して行国《ゆくくに》もなく心にまかせ歩行《あゆみゆく》に時は花咲比《はなさくころ》、樽に青氈《せいせん》かつがせさゝへに席を付《つけ》て、男女《なんによ》老少あらそひこぞり、桜が下に座の設して遊ぶに、此景たゞに見てのみやあらん、花のおもはん事もはづかしなンど、詩にこゝろざしをのべ、歌に思ひを吐《はき》、楊弓に興じ、囲碁にあらそふ、思ひ〳〵の成業歌舞音曲《せいげふかぶおんぎよく》も耳に満て、其様言葉にのぶべくもあらず、又ある松の木隠《こがくれ》に、その体《てい》うるはしき男の色ある女に、湯単包《ゆたんつゝみ》をもたせ、藤浪のきよげなる岩間づたへに青苔の席をたづねて来りしが、とある所に座して、竹筒より酒を出《いだ》し、酔をすゝめて花見るさま也、時へて後彼女《かのをんな》にもたせし包物を明て、ちいさき舂《うす》、ほそやか成《なる》杵を取出して二人の手してしらげゝるが、また水を汲《くみ》、火をきりなンどして、あたりの散葉《ちりば》拾ふて、炊揚《たきあげ》つゝ、たはふれ笑ひ、たのしげに食ふ、（西鶴著艶隠者巻之三「都のつれ夫婦」）

かくの如き文章は、何とも云えない色気に富んでおりますが、またこのくらい癖のある文章も少い。これを秋成のものに比べてみますと、言葉の略しかた、文字の使いざま、その他すべての点にわたって、一層文法の桁を外れている。実に西鶴の文章は、僅か五六行を読んでも容易に西鶴の筆であることが鑑定出来るくらい、特色が濃いのでありますが、正直のところ、西鶴であるからこれを名文と云い得るのであって、一歩を誤れば非常な悪文となりかねない。しかもその一歩の差と云うものが到底口では説明出来ないのでありまして、やはり皆さんが、めい／＼自分で感得するより仕方がない。また、次に掲げるのは森鷗外の「即興詩人」の一節でありまして、西鶴とは全然別種の、素直な、癖のない書き方でありますが、かくの如きものも正しく名文の一つであります。

忽ちフラスカアチの農家の婦人の装したる媼《おうな》ありて、我前に立ち現れぬ。その背はあやしき迄直《すぐ》なり。その顔の色の目立ちて黒く見ゆるは、頭より肩に垂れたる、長き白紗《はくさ》のためにや。膚《はだへ》の皺は繁くして、縮めたる網の如し。黒き瞳は眶《まぶち》を塡《う》めむ程なり。この媼は初め微笑《ほゝゑ》みつゝ我を見しが、俄に色を正して、我面を打ちまもりたるさま、傍《かたはら》なる木に寄せ掛けたる木乃伊《みいら》にはあらずやと、疑はる。暫しありていふやう。花はそちが手にありて美しくぞなるべき。彼の目には福《さいはひ》の星ありといふ。我は編みかけたる環飾《わかざり》を、我が唇におし当てたるまゝ、驚きて彼の方を見居たり。媼またいはく、その月桂《ラウレオ》の葉は、美しけれど毒あり。飾に編むは好し。唇にな当てそといふ。此時アンジェリカ籬《まがき》の後《うしろ》より出でゝいふやう。賢き老媼《おうな》、フラスカアチのフルキヤ。そなたも明日《あす》の祭の料にと

> て、環飾編まむとするか。さらずば日のカムパニヤのあなたに入りてより、常ならぬ花束を作らむとするかといふ。嫗はかく問はれても、顧みもせで我面のみ打ち目守《まも》り、詞を続ぎてゝいふやう。賢き目《まみ》なり。日の金牛宮を過ぐるとき誕《うま》れぬ。名も財《たから》も牛の角にかゝりたりといふ。此時母上も歩み寄りてのたまふやう。吾子が受領すべきは、緇《くろ》き衣と大なる帽となり、かくて後は、護摩焚きて神に仕ふべきか、棘《いばら》の道を走るべきか。それはかれが運命に任せてむ、とのたまふ。嫗は聞きて、我を憎とすべしといふ意《こゝろ》ぞ、とは心得たりと覚えられき。

西鶴の文を朦朧派とすれば、これは平明派であります。隅から隅まで、はっきり行き届いていて、一点曖昧なところがなく、文字の使い方も正確なら、文法にも誤りがない。が、こう云う文章を下手な者が模倣すれば、平凡で、味もそっけもないものになる。癖のある文章は却ってその癖が取り易く、巧味も眼につき易いのでありますが、平明なものは一見奇とすべき所がないので、真似がしにくく、どこに味があるのかも、初心の者には分りにくい。徳川時代では貝原益軒の「養生訓」とか新井白石の「折たく柴の記」とか云うものが、この平明派に属するのでありまして、教科書などに抜萃してありますけれども、あゝ云う文章は、一つはその人の頭脳や、学識や、精神の光でありますから、そこまで味到しない者にはその風格が理解出来ないのであります。要するに、**文章の味と云うものは、藝の味、食物の味などと同じ**でありまして、それを鑑賞するのには、学問や理論はあまり助けになりません。たとえば舞台における俳優の演技を見て、巧いか拙いかが分る人は、学者と限ったことはありません。それにはやはり演藝に対する感覚の鋭いことが必要で、百の美学や演劇術を研究するよりも、カンが第一であります。またもし、鯛のうまみを味わうのには、鯛と云う魚を科学的に分析しなければならぬと申しましたら、きっと皆さんはお笑いになるでありましょう。事実、味覚のようなものになると、賢愚、老幼、学者、無学者に拘らないのでありますが、文章とても、それを味わうには感覚に依るところが多大であります。然るに**感覚と云うものは、生れつき鋭い人と鈍い人とがある。**味覚、聴覚などは取り分けそうでありまして、音楽の天才などと云われる人は、誰に教わらないでも、或る一つの音を聴いてその音色を味わい、音程を聴き分ける。また舌の発達した人は、全く原型を失うまでに加工した料理を食べても、何と何を材料に使ってあるかを云い当てる。その他、匂いに対する感覚の鋭い人、色彩に対する感覚の鋭い人等があるように、文章もまた、生れつきその方の感覚の秀でた人がありまして、文法や修辞学を知らないでも、自然と妙味を会得している。よく学校の生徒の中で、外の学課はあまり成績が芳しくなく、理解力等も一般より劣っていながら、和歌や俳句の講義をさせると先生も及ばぬ洞察力を閃めかし、また文字を教えたり文章を暗誦させたりすると、異常な記憶力を示す少年がおりますが、こう云うのがつまりそれで、文章に対する感覚だけが先天的に備わっているのであります。しかしながら、これは生れつきの能力であるから、後天的には如何ともし難いものかと云うのに、決してそうではありません。稀には感覚的素質が甚だしく欠けていて、いくら修練を重ねても一向発達しない人もありますけれども、多くは**心がけと修養次第で、生れつき鈍い感覚をも鋭く研くことが出来る**。しかも研けば研くほど、発達するのが常であります。

そこで、感覚を研くのにはどうすればよいかと云うと、

出来るだけ多くのものを、繰り返して読むこと

が第一であります。次に

実際に自分で作ってみること

が第二であります。

右の第一の条件は、あえて文章に限ったことではありません。**総べて感覚と云うもの**

は、何度も繰り返して感じるうちに鋭敏になるのであります。たとえば三味線を弾くのには、三つの糸の調子を整える、一の糸の音と、二の糸の音と、三の糸の音とが調和するように糸を張ることが必要でありまして、生来聴覚の鋭い人は、教わらずとも出来るのでありますが、大抵の初心者には、それが出来ない。つまり調子が合っているかいないかが聴き分けられない。そこで習い始めの時分は、師匠に調子を合わせて貰って弾くのでありますが、だん〳〵三味線の音を聞き馴れるうちに、音の高低とか調和とか云うことが分って来て、一年ぐらい立つと、自分で調子を合わすことが出来るようになる。と云うのは、毎日毎日同じ糸の音色を繰り返して聞くために、音に対する感覚が知らず識らず鋭敏になる――耳が肥えて来る――のであります。ですから師匠も、そう云う風にして弟子が自然と会得する時期が来るまでは、黙って調子を合わせてやるだけで、理論めいたことは云いません。云っても何の役にも立たず、却って邪魔になることを知っているからです。昔からよく、舞や三味線の稽古をするには大人になってからでは遅い、十歳未満、四つか五つ頃からがよいと云われるのは、全くこのためでありまして、大人は小児ほど無心になれないものですから、とかく何事にも理窟を云う、地道《じみち》に練習しようとしないで、理論で早く覚えようとする、それが上達の妨げになるのであります。

かように申しましたならば、**文章に対する感覚を研くのには、昔の寺子屋式の教授法が最も適している所以が、お分りになったでありましょう。**講釈をせずに、繰り返し〱音読せしめる、或は暗誦せしめると云う方法は、まことに気の長い、のろくさいやり方のようでありますが、実はこれが何より有効なのであります。が、そう云っても今日の時勢にそれをそのまゝ実行することは困難でありましょうから、せめて皆さんはその趣意を以て、古来の名文と云われるものを、出来るだけ多く、そうして繰り返し読むことです。多く読むことも必要でありますが、無闇に慾張って乱読をせず、一つものを繰り返し〱、暗誦することが出来るくらいに読む。たま〱意味の分らない個所があっても、あまりそれにこだわらないで、漠然と分った程度にして置いて読む。そうするうちには次第に感覚が研かれて来て、名文の味わいが会得されるようになり、それと同時に、意味の不明であった個所も、夜がほの〲と明けるように釈然として来る。即ち感覚に導かれて、文章道の奥義に悟入するのであります。

しかし、感覚を鋭敏にするのには、他人の作った文章を読む傍ら、時々自分でも作ってみるに越したことはありません。もっとも、文筆を以て世に立とうとする者は、是非とも多く読むと共に多く作ることを練習しなければなりませんが、私の云うのはそうでなく、鑑賞者の側に立つ人といえども、鑑賞眼を一層確かにするためには、やはり自分で実際に作ってみる必要がある、と申すのであります。たとえば、前に挙げた三味線の例で申しますと、自分であの楽器を手に取ったことのない人には、中々三味線の上手下手は分りにくい。何度も繰り返して聞くようにすれば分って来ることは来ますけれども、そこまで耳が肥えるのにはよほどの年数がかゝるのでありまして、進歩の度が遅い。然るにたとい一年でも半年でも、自分で三味線を習ってみると、音に対する感覚がめき〳〵と発達して来て、鑑賞力が一度に進歩するのであります。舞踊などでも恐らくはそうでありまして、全然舞を知らない人が舞の上手下手を見分けるまでになりますのは、容易なことではありませんけれども、自分で習うと、他人の巧い拙いが見えるようになる。また料理などでも、自分で原料を買い出しに行き、親しく庖丁を取り煮焚《にたき》をした方が、たゞ食べてばかりいるよりも、遥かに味覚の発達を促進するに違いない。それから、これは私が安田靫彦画伯から聞いた話でありますが、或る時画伯が云われるのには、世の中には美術批評家と云うものがあって、毎年展覧会の季節になると、出品画について彼れ此れと批評を下し、新聞や雑誌等へ意見を発表する、しかし画伯が長年の経験に依れば、それらの批評は画家の眼から見るといずれも肯綮に当っていない、褒めてあるものも貶《けな》してあるものも、皆的を外れているので、画家を心から敬服せしめ、或は啓発するに足りない、それに反して同じ画家仲間の批評は、さすがにこの道に苦労している人々の言であるから、しろうとには見得ない弱所を突き、長所を挙げてあるので、傾聴に値いするものが多いと云うのでありました。劇評家についてもこれと同じことが云えるのでありまして、藝のほんとうのよしあしは、舞台の数を踏んでいる俳優こそ、誰よりもよく知っているでありましょう。私は、自分の劇を上演する時に一流の歌舞伎俳優としば〳〵語り合ったことがありますが、彼等の多くは高等教育を受けていない人々で、近代美学の理論などは教わったこともないのですけれども、批評家の云う理窟ぐらいはいつの間にか体得しており、脚本に対する理解の行き届いているのには、毎々感服いたしました。彼等の頭は組織的な学問を覚え込むのには適していないのでありますが、感覚の修練を積んでおりますが故に、劇と云うものの神髄を嗅ぎつけることが出来るのであります。が、学校を出たばかりの人々、若い劇評家などは、この点の修行が足りませんから、藝のよしあしが分らず、従って芝居が分らないのであります。何となれば、演劇を理解するのには、舞台における俳優の一挙手一投足、セリフ廻し等の巧拙を理解することから始まるのでありまして、そう云う感覚的要素を離れて、演劇は存在しないからであります。さればまだしも、都会に育った婦女子や市井の通人たちの方が、幼少の頃から何回となく芝居を見、名優の技藝に接して、感覚を研いておりますので、往々くろうとを領かせるような穿った批評を下すことがあるのであります。

ですが、皆さんのうちには或は疑問を抱かれる方がありましょう。と申しますのは、総べて感覚は主観的なものでありますが故に、甲の感じ方と乙の感じ方と全然一致することはめったにあり得ない。好き嫌いは誰にでもあるのでありまして、甲は淡白な味を貴び、乙は濃厚な味を賞でる。甲と乙とが孰れ劣らぬ味覚を持っておりましても、甲が珍味と感ずるものを乙がさほどに感じなかったり、またはまずいと感じたりする場合がある。仮りに甲と乙とが同様に「うまい」と感じたとしましても、甲の主観が感じている「うまさ」と、乙の主観が感じている「うまさ」と、果して同一のものなりや否やは、これを証明する手段がない。されば、もし文章を鑑賞するのに感覚を以てする時は、結局名文も悪文も、個人の主観を離れては存在しなくなるではないか、と、そう云う不審が生じるのであります。

いかにもこれは一応もっともな説でありますが、さような疑いを抱く人に対しては、私は下のような事実を挙げてお答えしたいのであります。それは何かと申しますのに、私の友人に大蔵省に勤めている役人がありますが、その人から聞いた話に、毎年大蔵省では日本の各地で醸造される酒を集めて品評を下し、味わいの優劣に従って等級をつける、その採点の方法は、専門の鑑定家たちが大勢集まって一つ〳〵風味を試してみた上で投票するのだそうでありますが、何十種、何百種とある酒のことでありますから、随分意見が別れそうでありますのに、事実はそうでないと申します。各鑑定家の味覚と嗅覚とは、それらの沢山な酒の中から最も品質の醇良な一等酒を選び出すのに、多くはぴったり一致する、投票の結果を披露してみると、甲の鑑定家が最高点を与えた酒に、乙も丙も最高点を与えている、決してしろうと同士のように、まち〳〵にはならないそうであります。この事実は何を意味するかと云うのに、感覚の研かれていない人々の間でこそ「うまい」「まずい」は一致しないようでありますが、洗練された感覚を持つ人々の間では、そう感じ方が違うものではない、**即ち感覚と云うものは、一定の錬磨を経た後には、各人が同一の対象に対して同様に感じるように作られている**、と云うことであります。そうしてまた、それ故にこそ感覚を**研く**ことが必要になって来るのであります。

たゞしかしながら、**文章は酒や料理のように内容の単純なものではありませんから、人に依って多少好む所を異にし、一方に偏《かたよ》ると云うような事実が、専門家の間においても全くないことはありません。**たとえば森鷗外は、あのような大文豪で、しかも学者でありましたけれども、どう云うものか源氏物語の文章にはあまり感服していませんでした。その証拠には、かつて与謝野氏夫婦の口訳源氏物語に序文を書いて、「私は源氏の文章を読む毎に、常に幾分の困難を覚える。少くともあの文章は、私の頭にはすら／＼と這入りにくい。あれが果して名文であろうか」と云う意味を、婉曲に述べているのであります。ところで、源氏のような国文学の聖典とも目すべき書物に対して、かくの如き冒瀆の言を為す者は鷗外一人であるかと云うのに、なか／＼そうではありません。一体、源氏と云う書は、古来取り分けて毀誉褒貶が喧しいのでありまして、これと並称されている枕草紙は、大体において批評が一定し、悪口を云う者はありませんけれども、源氏の方は、内容も文章も共に見るに足らないとか、支離滅裂であるとか、睡気を催す書だとか云って、露骨な悪評を下す者が昔から今に絶えないのであります。そうして、それらの人々に限って、和文趣味よりは漢文趣味を好み、流麗な文体よりは簡潔な文体を愛する傾きがあるのであります。けだし、我が国の古典文学のうちでは、源氏が最も代表的なものでありますが故に、国語の長所を剰すところなく発揚していると同時に、その短所をも数多く備えておりますので、男性的な、テキパキした、韻《ひびき》のよい漢文の口調を愛する人には、あの文章が何となく歯切れの悪い、だら〱したもののように思われ、何事もはっきりとは云わずに、ぼんやりぼかしてあるような表現法が、物足らなく感ぜられるのでありましょう。そこで、私は下のようなことが云えるかと思います。**同じ酒好きの仲間でも、甘口を好む者と、辛口を好む者とがある、さように文章道においても、和文脈を好む人と、漢文脈を好む人とに大別される、**即ちそこが源氏物語の評価の別れる所であると。この区別は今日の口語体の文学にも存在するのでありまして、言文一致の文章といえども、仔細に吟味してみると、和文のやさしさを伝えているものと、漢文のカッチリした味を伝えているものとがある。その顕著な例を挙げますならば、泉鏡花、上田敏、鈴木三重吉、里見弴、久保田万太郎、宇野浩二等の諸家は前者に属し、夏目漱石、志賀直哉、菊池寛、直木三十五等の諸家は後者に属します。もっとも、和文のうちにも大鏡や、神皇正統記や、折焚く柴の記のような簡潔雄健な系統がありますので、これを朦朧派と明晰派と云う風に申してもよいし、だら〳〵派とテキパキ派とも申せましょうし、或はまた、流麗派と質実派、女性派と男性派、情緒派と理性派、などと、いろ〳〵に呼べるのでありまして、**一番手ッ取り早く申せば、源氏物語派と、非源氏物語派になるのであります**。で、これは感覚の相違と云うよりは、何かもう少し体質的な原因が潜んでいそうに思われますが、とにかく、文藝の道に精進している人々でも、調べてみると、大概幾分かは孰方かに偏っております。かく申す私なども、酒は辛口を好みますが、文章は甘口、まず源氏物語派の方でありまして、若い時分には漢文風な書き方にも興味を感じましたものの、だん〳〵年を取って自分の本質をはっきり自覚するに従い、次第に偏り方が極端になって行くのを、如何とも為し難いのであります。

かように申しましても、感受性は出来るだけ廣く、深く、公平であるに越したことはありませんから、強いて偏ることは戒めなければなりませんが、しかし皆さんも、多く読み、多く作って行くうちに、自然自分の傾向に気付かれる折があるかも知れません。そうして、そう云う場合には、なるべく自分の性に合った文体を選び、その方面で上達を期するようにされるのが得策であります。

三　文章の要素

○　文章の要素に六つあること

既に再々申しましたように、文章を学ぶには実習が第一でありまして、理窟はあまり役に立たないのでありますから、幾つかの要素に分けて論ずると云うことは、無益のようでありますけれども、それではこの読本を書いた趣意が立ちませんから、試みに左の項目を設けて、上に述べたところを一層敷衍してみようかと思います。

まず私は、**文章の要素を**

一　用語
二　調子
三　文体

四　体裁

五　品格

六　含蓄

と、こう六つに分けることに致します。申すまでもなく、これは決して厳密な分け方ではなく、また、これらの要素が互いに截然と区別出来るはずのものでもなく、六つのもののおの／＼に他の五つのものが含まれており、密接に関聯しているのでありますから、一つ／＼を完全に切り離して論ずることは、実は不可能なのであります。されば、その一つを説く時にも、常に他の五つのものが、そこに、同時に、説かれつゝあるものと思って頂きたいのであります。

なおまた、これらの六つの要素のうち、最後の四つ、即ち、文体と、体裁と、含蓄と、品格との項において申し上げようと思うことは、ひとり我が国の国文にのみ見出だされる特色であろうと信ずるのであります。

○　用語について

一つの文章は、一つもしくは幾つかの単語から成り立っているのでありますから、単語の選択のよしあしが根本であることは、申すまでもありません。そこで、その選び方についての心得を申しましょうなら、

異を樹てようとするな

と云うことに帰着するのであります。それを、もう少し詳しく、箇条書きにして申しますと、

一　分り易い語を選ぶこと

二　なるべく昔から使い馴れた古語を選ぶこと

三　適当な古語が見つからない時に、新語を使うようにすること

四　古語も新語も見つからない時でも、造語、——自分で勝手に新奇な言葉を拵えることは慎しむべきこと

五　拠り所のある言葉でも、耳遠い、むずかしい成語よりは、耳馴れた外来語や俗語の方を選ぶべきこと

等であります。

本来、或る一つのことを云い現わすには、そのことを意味する幾種類かの言葉、即ち

同義語と云うものを出来るだけ沢山知っていることが必要であります。それにはやはり多くの書を読んで、多くの単語を覚え、いつでも利用出来るように記憶の蔵《くら》に仕入れて置くのに越したことはありませんが、しかしよほど記憶力のよい人でない限り、無数の同義語を時に応じて思い出すことは困難でありますから、同義語の辞典や、或は英和字書の如きものを座右に備えておくことも便利でありましょう。たゞこの場合、字引は自分がよく知っていて即座には思い出せない言葉を引き出す用途に使うのでありまして、いくら字引にあるからと云って自分に馴染のない言葉、または世間に通用しないむずかしい言葉を使うことは、よく〳〵已むを得ない時の外は、避けなければなりません。それから、字引さえ繙けばあらゆる言葉が見出だされると思うのも間違いでありまして、字引に載っていない俗語や、隠語や、方言や、外来語や、新語の類で、時には甚だ適切な、生き〳〵とした感じを持った言葉があることを忘れてはなりません。

仮りに皆さんが、「散歩した」と云う意味を云おうとする時、たゞ「散歩した」と書いてしまえば済むようなものの、そう書く前に「散歩する」と云う語の同義語を一と通り調べて御覧なさい。するとさしあたり、

散歩する
散策する
漫歩する
そゞろ歩きする
杖を曳く
ぶらつく
プロムナードする

等の語を思い出されるでありましょう。そこで皆さんは、これらの同義語のうちの孰れが最も今の場合に適しているかを考えて、それを選ぶようにするのであります。散歩はほんの一例でありまして、かゝる些細な事柄の時は孰れを選んでも大した違いはないように思われるでありましょうが、しかし言葉数の少い日本語で、散歩と云うような簡単な事柄においてすら、即座に七つの同義語が見出だされるのでありますから、一般に同義語と云うものは案外数が多いのであります。それ故、無数の同義語の中から、その場にぴったり当て篏まる言葉を選び出すことは、決してやさしい仕事ではありません。或る場合には「この語を措いて他になし」と云うことが極めて明瞭であって、少しの躊躇も要しないことがありますけれども、大概は二つも三つも似たような言葉がありますので、採択に迷うものであります。ですが、そう云う場合、もし皆さんがそれらの二三の類似語を眺めつゝ、孰れを取っても同じことだ、格別の差異はない、と云う風に考えられるとしたならば、それは十中の八九まで、言葉や文章に対する皆さんの神経が遅鈍なのであります。そのことについて思い出しますのは、たしか佛蘭西《フランス》の或る文豪の云ったことに、「一つの場所に当て篏まる最も適した言葉は、たゞ一つしかない」と云う意味の言がありますが、この、**最適な言葉はたゞ一つしかない**と云うことを、よく〳〵皆さんは味わうべきでありまして、数箇の似た言葉がある場合に、孰れでも同じだとお思いになるのは、考え方が緻密でないのであります。なお注意して思いを潜め、考えを凝らして御覧になると、必ず孰れか一つの言葉が、他の言葉よりも適切であることがお分りになります。たといそれが散歩の如き些細な事柄でありましょうとも、「散歩」と、「散策」と、「そゞろ歩き」と、「ぶらつき」等々と、孰れを使っても全然同じであると云うことは有り得ない。或る場合には「散歩」よりも「散策」の方が、また或る場合には「そゞろ歩き」の方が、一層適するはずでありまして、そう云う僅かな言葉の差異に無神経であったり、そう云う感覚が鈍かったりしたのでは、よい文章を作ることは出来ません。

然らば、或る一つの場合に、一つの言葉が他の言葉よりも適切であると云うことを、何に依って定めるかと申しますのに、これがむずかしいのであります。第一にそれは、自分の頭の中にある思想に、最も正確に当て篏まったものでなければなりません。しかしながら、**最初に思想があって然る後に言葉が見出だされる**と云う順序であれば好都合でありますけれども、実際はそうと限りません。その反対に、まず**言葉があって、然る後にその言葉に当て篏まるように思想を纏める、**言葉の力で思想が引き出される、と云うこともあるのであります。一体、学者が学理を論述するような場合は別として、普通の人は、自分の云おうと欲する事柄の正体が何であるか、自分でも明瞭には突き止めていないのが常であります。そうして実際には、或る美しい文字の組み合わせだとか、または快い語調だとか、そう云うものの方が先に頭に浮かんで来るので、試みにそれを使ってみると、従って筆が動き出し、知らず識らず一篇の文章が出来上る、即ち、**最初に使った一つの言葉が、思想の方向を定めたり、文体や文の調子を支配するに至る**と云う結果が、しば〳〵起るのであります。たとえば「そゞろ歩《ある》き」の代りに「すゞろありき」と書いたとしますと、それに釣られて、文体が和文調になったり、また「プロムナード」と云う語を使うと、それをキッカケにハイカラな文章を書いてしまう。いや、それどころではありません、おかしなことを申すようでありますが、小説家が小説を書く場合に、偶然使った一つの言葉から、最初に考えていたプランとは違った風に物語の筋が歪曲して行く、と云うような事態すら生ずるのでありまして、もっと本当のことを申しますなら、多くの作家は、初めからそうはっきりしたプランを持っているのではなく、書いているうちに、その使用した言葉や文字や語調を機縁として、作中の性格や、事象や、景物が、自然と形態を備えて来、やがて渾然たる物語の世界が成り立つようになるのであります。されば、伊太利《イタリー》の文豪ガブリエル・ダンヌンチオは、老後には常に字引を読んでいろ〳〵な単語に眼を曝し、それらの単語からさま〴〵な作品の着想を得たと云う話を、かつて人から聞いたことがありますが、これは私自身の経験に徴しましても、恐らく譃ではありますまい。私の青年時代の作に「麒麟」と云う小篇がありますが、あれは実は、内容よりも「麒麟」と云う標題の文字の方が最初に頭にありました。そうしてその文字から空想が生じ、あゝ云う物語が発展したのでありました。ですから、一つの単語の力と云うものも甚だ偉大でありまして、古の人が言葉に魂があると考え、言霊《ことだま》と名づけましたのもまことに無理はありません。これを現代語で申しますなら、**言葉の魅力**と云うことでありまして、言葉は一つ〳〵がそれ自身生き物であり、**人間が言葉を使うと同時に、言葉も人間を使う**ことがあるのであります。

かく考えて来ますならば、言葉の適不適を定めますのには、かなり複雑な思慮が必要であることがお分りになるであります。つまり、単に意味が正確であるとか、思想にぴったり当て篏まるとか云うことばかりで極めるわけには行きません。或る場合には、思想の方を言葉に当て篏めて纏まりをつけるのが賢いこともありましょうし、或る場合には、言葉に使役され過ぎて思想が歪曲されないように警戒しなければなりません。結局、言葉はその一箇所だけでなく、文章全体に影響を及ぼすものでありますから、絶えず全体との釣合《つりあい》、調和不調和を考え、前に申し上げました六つの要素、即ち、用語、調子、文体、体裁、品格、含蓄、の総べてを計算に入れた上で、適不適を極めるのであります。そう云う点で、巧い言葉が使ってあると思うのは、志賀直哉氏の「万暦赤絵」と云う短篇の冒頭に、

京都の博物館に一対になつた万暦の結構な花瓶がある云々

とある、その「結構な」と云う形容詞であります。この場合、この花瓶を褒めるのに、

「見事な」、「立派な」、「藝術的な」等種々の言葉がありましょうけれども、それらの孰れを篏めてみましても、到底「結構な」と云う一語が含む幅や厚みには及ぶべくもありません。この語はその花瓶の美しさを適確に云い現わしていると同時に、全篇の内容や趣向をも暗示するほどのひろがりを持ち、まことによく働いているのでありまして、こう云う簡単な言葉使いに、手腕が窺われるのであります。

思うに、昔から文章を彫琢すると云い、推敲すると云いますのは、その大半が単語の選択に費される苦心を指すのでありまして、私なども、何十年来この道に携わっておりながら、未だに取捨に迷うことが多く、若い時と同じ辛労を覚えるのであります。たゞ、若い時分と違うところは、以前は言葉の魅力に釣られて使役されることをあえて厭いませんでしたが、昨今は己れを引き締めて、言葉を使役するように努めます。これは畢竟、青年時代には西洋かぶれしていたために、言語に蔭のあることを嫌い、ひたすら緻密に、明晰に、新鮮に、感覚的にと心がけ、なるべく人眼につき易い顕著な文字を選ぶことに骨を折りましたが、次第にさような書き方が卑しいものであることを悟り、今ではその反対に、出来るだけ意味を内輪に表現し、異色を取り去ろうとする結果であります。

そこで、最初に列挙しました箇条書きの説明を申しますと、

一　分り易い語を選ぶこと

これが用語の根本の原則でありまして、分り易い**語**というちには、**文字**も含まれていることは勿論であります。この原則の大切なことは、誰にも明々白々なはずでありますが、特に私がこれを強調する所以は、現今では猫も杓子も智識階級ぶった物の云い方をしたがり、やさしい言葉で済むところを故意にむずかしく持って廻る悪傾向が、流行しているからであります。昔、唐の大詩人の白楽天は、自分の作った詩を発表する前に、その草稿を無学なお爺さんやお婆さんに読んで聞かせ、彼等に分らない言葉があると、躊躇なく平易な言葉に置き換えたと云う逸話は、私共が少年の頃しばしば云い聞かされた有名な話でありますが、現代の人はこの**白楽天の心がけ**をあまりにも忘れ過ぎております。要するに、自分の学問や、智識や、頭脳の働きを見せびらかそうとしたり、未だ前人の云わない用語を造ってみようとしたり、自分だけ偉がろうとする癖、――異を樹てようとする根性を改めることであります。

二　なるべく昔から使い馴れた古語を選ぶこと

こゝに**古語**と申しますのは、明治以後、西洋の文化が這入ってから出来た言葉を**新語**

とし、それに対して、その以前から伝わっている言葉を指して云うのであります。古語にも神代の昔からある言葉や、徳川時代に造られた比較的新しい言葉や、いろ〳〵種類がありましょうが、それらのうちで今もなお一般に使用されつゝある言葉、これが一番、どこで誰が使っても危な気がなく、誤用や誤解の恐れが少いので、分り易いと云う原則によく当て篏まるわけであります。

今日は教育が普及しておりますから、どんな辺鄙な土地に行っても新語が通じないなどと云うことはありませんが、しかし新語と云うものは、多く西洋語の翻訳でありまして、人に依り、時代に依って、訳し方がまち〳〵であります。たとえば明治の初年には、哲学のことを「理学」と云っておりましたが、今日理学と申しましたら、物理学のような学問を意味することになりましょう。また、今日は英語の「シヴィリゼーション」の訳である「文明」と云う言葉がすたれ気味で、独逸語の「クルトゥール」を訳した「文化」と云う言葉が流行り、幾らか意味が違っているようでありますけれども、大概の場合は文明と云わずに文化と云っている。英語の「アイディア」に当る言葉も、「観念」と云ったり、「概念」と云ったり、「理念」と云ったり、「想念」、「心象」、「意象」などと、いろ〳〵に云います。また、以前は「検査」とか「調査」とか

「攻究」とか云ったことを、今日では「検討」と云い、「魁《さきがけ》」とか「先頭」とか云ったことを「尖端」と云い、「鋭い」とか「鋭敏な」とか云ったことを「尖鋭な」と云い、「理解」とか「諒解」とか云ったことを「認識」と云い、「総決算」とか「総勘定」とか云ったことを「清算」と云う。私共は現代に生きている以上、現代に流行する言葉を使えばよいようなものの、我が国ではその流行の移り変りが特別に激しい。一つの新語が田舎の津々浦々にまで行き渡る時分にはもう都会では第二第三の新語が生れていると云う有様で、私が覚えてからでもそう云う言葉の変遷がどのくらいあったか知れません。然るに、文章は現代の人士にばかり読んで貰うものではなく、大都会の智識階級のみを相手にするのでもない。出来れば後世の人々にも、片田舎の老翁や老媼にも、分って貰うのに越したことはないのでありますから、そう云う変遷の激しい、しかも人に依ってまち〳〵な云い方をするような言葉は、なるべく使わないで済ませる方がよいのであります。

それから、古来使い馴れている言葉にも、国語系統のものと漢語系統のものとがありまして、これも私は、出来るならばむずかしい漢字を要しない国語系統の言葉の方を、より多く使うようにおすゝめしたいのでありますが、漢語並びに漢字のことにつきましては、一括して次の項に申し上げるつもりであります。

三　適当な古語が見つからない時に、新語を使うようにすること

新語と申してもいろ〳〵でありまして、中には既に数十年来使い馴らされ、ほとんど古語と変らないほどに行き渡っているのもありますから、それらはさほど毛嫌いするには及ばないかと思います。が、つい最近に出来たばかりで、ほんの大都会の小部分の人だけが使っていると云うような、そうしてそれが、果して一般に流行するかどうかも分らないような、そう云う言葉が最も宜しくないのであります。たとえば数年前に、或る新聞が当時の亜米利加の流行語であった「ウーピー」と云う言葉を輸入して流行らせようとしましたが、豫期に反して、大した流行を見ずにしまったことがありました。そう云う風に、寿命の短かい新語が非常に多いのでありますから、新しがって無闇にそんな言葉を使うと、その人柄が軽卒に見えるばかりであります。

しかし、新語の中には、進歩した現代社会の機構に応じ、当然の要求に従って出来た言葉も沢山にありまして、それらのものは、古語のうちに同義語がないのでありますから、それを使うより外に仕方がありません。早い話が「飛行機」と云う言葉は、それに代る昔の言葉があるはずはありませんから、どうしても「飛行機」と云わなければ

ばならない。その他、近代の科学文明が生み出したあらゆる熟語、技術語、学術語等は総べてそうでありまして、「組織」とか「体系」とか「有機的」とか「イデオロギー」とか云うような言葉は、孰れもそれに当て篏まる古語がないのであります。が、こゝで私が特に皆さんに御注意申し上げたいのは、**適当な古語が見つからない時に、始めて**新語を使うべきであって、なるべく古語で間に合わせようとする心がけを忘れないことであります。と申しますのは、その心がけで実際に筆を執ってみますと、最初に考えましたよりも、新語を使わないで済む場合が案外多いのであります。たとえば今の「組織」と云う言葉も、「仕組み」とか「仕掛け」とか「組み立て」とか云えば用が足りる、是非とも「組織」でなければならない場合と云うものは、少いのであります。また「意識する」と云わないでも、「知っている」、「感じている」、「気が付いている」で済むことがある。「概念」や「観念」なども、「考え」と云っただけで分る。

私は彼に見られていることを**意識して**いた。

彼は**意識的**に反抗した。

彼には国家と云う**観念**がない。

かくの如き文章は、それ〴〵

私は彼に見られていることを**知って**いた。（または**感じて**いた。**ことに気がついてい**た。）

彼は**わざと**（または**故意に**）反抗した。

彼（**の頭**）には国家と云う**考え**がない。（または、彼は国家ということを**考えて**いない。）

と云うような風に云い換えることが出来、そうしてこう云う云い方の方が、多くの人たちに分り易く、かつ親しみ易い感じを抱かせるのであります。

勿論、「知る」「気が付く」等の言葉は、その儘「意識する」と云う言葉には当て嵌まらない。また「考え」と云う言葉も、それが直ちに「概念」や「観念」等の同義語にはならない。これらの新語が造られたのは、やはりそれだけの理由があって造られたのでありますから、厳密な意味においてそれらに代る古語のないことは明らかでありますが、たゞ問題は、特に論理や事柄の正確が要求されていない場合に、それほど一語一語の内容を、細かく、狭く、限る必要があるであろうか、と云うことであります。なるほど、「私は彼に見られていることを意識していた」と云う代りに「知っていた」

と云えば、幾分か意味がぼんやりします。が、「知る」と云う語には「意識する」と云う語が含まれているのでありますから、「知っていた」と書いてあっても、読者は「意識していた」意味に取ってくれますので、実際には何ら差支えが生じない。のみならず皆さんは、私が第三十三頁に述べたこと、即ち、文章のコツは「言葉や文字で表現出来ることと出来ないこととの限界を知り、その限界内に止まること」だと申したのを、思い出して頂きたい。もし皆さんが、どこまでも意味の正確を追い、緻密を求めて已まないのであったら、結局どんな言葉でも満足されないでありましょう。ですから、それよりは、多少意味のぼんやりした言葉を使って、あとを読者の想像や理解に委ねた方が、賢明だと云うことになります。

一体、現代の人々が必要以上に新しい言葉を造りたがるのは、**漢字と云う重宝な文字のあることが、却って禍している**せいであります。漢字は「いろは」やＡＢＣのような音標文字と異り、一つの文字が一つの意味を現わしておりますから、新語を造りますのに、このくらい便利な文字はありません。たとえば蓄音機のことを、英語では「フォノグラフ」（音声記録物）または「トーキングマシン」（話す器械）と申しますが、それを「蓄音機」と云ったのはいかにも巧い。たった三字で、しかも英語よりは一層完全に蓄音機の何たるかを云い得ております。また英語では活動写真のことを「ムーヴィングピクチュア」(動く絵)と云い、略して「ムーヴィー」と云っておりますが、「ムーヴィー」という言葉や文字には全然意味がありませんので、“Movie”と書いて示したところで、知らない者には何のことか分りません。然るに「活動写真」と云い、「映画」と云えば、ほゞその物の本体や用途を説明しております。これは偏えに漢字のお蔭でありまして、漢字を想像しないでは、「チクオンキ」だの「カッドーシャシン」だの「エイガ」だのと云う言葉を考えることが出来ず、考えても、それらは無意味なる音の連続に過ぎません。されば、われ〳〵が明治以来西洋の学問や思想や文物を輸入するにあたって、種々なる技術語や学術語を翻訳するのにさしたる困難を感じなかったのは、全く、この重宝なる漢字の働きに依るのであります。が、同時にわれ〳〵は、漢字のこう云う長所に信頼し過ぎた結果、**言葉は一つの符牒である**と云うことを忘れて、強いて複雑多岐なる内容を、二字か三字の漢字の中へ盛り込もうとするようになりました。たとえば今の蓄音機や映画でありますが、なるほど、「トーキングマシン」だの「ムーヴィー」だのと云うよりは、「蓄音機」と云い「映画」と云う方が、よくその物の性能を云い現わしてはいますけれども、それにしたところで、まだ実物を知らない者には、図解でもしてもっと詳しく説明して貰うか、実物を見せて貰わないことには、結局は合点が行きません。そうしてみると、それらの名詞は知っている者の間にだけ通用する符牒に過ぎないのでありますから、必ずしも二字や三字のうちにその物の性能を云い尽さずともよいのであります。現にわれ〳〵は、発声活動写真のことを「トーキー」と云っておりますが、これは亜米利加《アメリカ》で「トーキングピクチュア」（話す絵）と云う言葉を略して云ったのを、そのまゝ輸入したのでありまして、英語を知っている者には幾分か想像がつきますけれども、然らざる者には全く内容のない言葉であります。にも拘らず、今日では「トーキー」と云う語が津々浦々にまで行き渡って、誰にでも分るようになっております。その他、タキシー、タイヤ、マッチ、テーブル、ダイヤモンドの如き、孰れも日本人には無内容な音の組み合わせでありますけれども、それだからと云って、実用には何ら差支えません。畢竟、名詞は、個人の姓名と同じことで、たゞその物を呼ぶ合い言葉の役目をすれば足りるのでありまして、既に合い言葉でありますから、同一の物を呼ぶのに幾通りもの呼び方があっては、紛らわしいわけであります。然るに現代の人々は、この明白なる道理を忘れて漢字の意味に囚われる結果、「観念」では気に入らないで「概念」と云ってみ、それも気に入らないで「理念」と云ってみると云う風に、後から／＼と新語を作る。学者などが己れの学説を述べる場合にも、ことさら見識を示そうとして、有りふれた成語を使うことを忌み、独特の字面を工夫する。斯くて新しい漢字の組み合わせが競って行われるのであります。

そう云う次第で、新語と云うものは、その大部分が二字もしくは三字四字等の漢字の結合から成る和製の漢語でありますから、それに昔からある本来の漢語を加えますと、今日世間に使われている漢字の数は、豫想外に多いであろうと思われます。私の見るところでは、今日より漢学が盛んであった徳川時代においても、漢詩や漢文を弄び、漢語を口にした人士は比較的少数であって、一般にはもっと平俗な、日本風な云い方が行われていたに違いない。早い話が、役の名前でも、内閣総理大臣だの、警視総監だのとむずかしく云わないで、老中だの、若年寄だの、目附だのと云いましたし、容疑者や被疑者は「お尋ね者」でありましたし、現に私の幼い頃までは、巡査のことは「お巡《まわ》り」、汽船のことは「川蒸気」、汽車のことは「陸《おか》蒸気」と云ったのを覚えております。それから見ると、今日の人は、文章のみならず、日常の会話にも、漢字を交ぜることが実に多い。最も滑稽な例を云いますと、或る時私が口腔科の医師の処へ行きましたら年の若いお医者さんが診察してくれながら、話の中に「ダコ」と云う言葉を使います。初めは何のことか分りませんでしたが、しきりに「ダコ、ダコ」と云いますので、だん〳〵考えてみましたら、ダコは「唾壺《だこ》」で、痰吐きのことを云うのでした。大方これなぞも、専門のドクトルが「痰吐き」と云う俗語を用いては沽券に関わると思うのでもありましょう。また或る時、田舎の宿屋へ泊まりましたら、番頭が出て来て挨拶をするうちに、「ヘイカン、ヘイカン」と云う言葉が這入ります。それが「ヘイカ」と聞えますので、一層分りませんでしたが、「弊館」、つまり「手前共」とか「私共」とか云う意味に使っているのでした。そう云えば、一体に東京大阪等の大都会の人々は、砕けた、味のある物云いをし、田舎の人ほど多く生硬な漢語を使いますのは、なぜでありましょうか。これは都会人の前へ出て話す時に土地の訛りを出すまいとする心づかいもありましょうけれども、そうとばかりも云えません。たとえば中国の或る地方では、「鶏」のことを「ニワトリ」と云わずに「ケイ」と云います。「馬鈴薯」のことも「ジャガイモ」と云わずに「バレイショ」と云います。それから数を数えるのに、「一つ」「二つ」と云わないで「一個」「二個」と云う風な云い方をするのも、田舎の人に限っているように思われます。

それにつけても、私が常に不思議に感じますのは、今日は一方において漢字の制限が奨励され、ローマ字の普及運動などが盛んに行われていることであります。そうして、為政者も、教育家も、漢字を覚えさせることが児童に多大の苦痛を与えて時間と精力の浪費を来たすことを認め、努めてその重荷を軽くする方針を取りつゝあります。にも拘らず、他の一面において唖壺式の新語が流行すると云うことは、時勢に逆行するものでありまして、甚だしい矛盾であるとしか思えません。事実、今日の和製漢語は、多かれ少かれ、唖壺式の滑稽に陥っていないものはないのでありますが、この際私は、あえて新語とのみ云わず、古語においても、なるべく皆さんが漢語風の云い方を避けて、やさしい固有の日本語に立ち帰って頂くことを希望するのでありまして、そうするのには音読の習慣を養い、文字を離れて、耳だけで理解する癖をつけるのも一つの方法であることは、既に第四十三、四頁において述べた通りであります。なるほど、熟語を造りますのには漢字が重宝でありますけれども、日本風の云い方でも随分いろ〳〵のことが云えるのでありまして、その点では、大工、左官、建具屋、指物師、塗《ぬ》師《し》屋《や》、表具屋と云う類の、**職人の技術語**は大いにわれ〳〵の参考になります。たとえば大工の使っている「ウチノリ」とか、「ソトノリ」とか、「トリアイ」とか、「ミコミ」とか、「ツラ」とか、「メジ」とか、「アリ」とか云うような用語、また建具屋や指物師の使っている「一本引キ」、「引キ違イ」、「開キ戸」、「マイラ戸」、「地袋」、「天袋」、「ハシバメ」、「鏡板」、「猫脚《ねこあし》」、「胡桃脚《くるみあし》」と云うような用語を聞いて御覧なさい。簡単な、中には宛て字さえ分らない言葉もあるのでありますが、それでいて実際には何の不便もなく、結構間に合っているところを見ますと、日本語と云うものも思いの外働きの廣い、気の利いた国語であることを、今更の如く感じるのであります。で、もしわれ〳〵がこの職人の云い方を学んで、「社会」を「世の中」、「徴候」を「きざし」、「豫覚」を「虫の知らせ」、「尖端」を「切っ先」或は「出ッ鼻」、「剰餘価値」を「差引」或は「さや」、と云う風に云いましたならば、そうして世間一般がその気になって、そう云う言葉に新味を持たせるようにしましたならば、それほど漢字の御厄介にならないでも済むのであります。

四　古語も新語も見つからない時でも、造語、――自分で勝手に新奇な言葉を拵えることは慎しむべきこと

これはもはや、理由は申し上げるまでもありません。

もし皆さんが、何ぞ今までにない新しい思想や事柄を述べようとする場合には、無理にそれに当て篏まる単語を造り出そうとしないで、古くからある幾つかの言葉を結び合わせ、句を以て説明すればよいのであります。

とにかく、相当の言葉数を費した方がよく分ることを、二字か三字の漢語に縮めようとするのは宜しくない。無駄な文句のないことが名文を作る一つの条件ではありますけれども、そうかと云って、必要な言葉までも省いてしまっては、用が弁じないのみならず、文品が卑しくなります。文章は簡潔を貴ぶと同時に、どこかにのんびりとした餘裕のあるのを上乗とするのでありますが、近来はテンポだとかスピードだとか云って、人の心がセカセカしているせいか、「ユトリ」と云うことがすっかり忘れられております。妙な新語が流行りますのも、そう云う風潮が原因の一つでありましょうが、私は「待望」などと云う言葉を聞きますと、立て膝をして食膳に向い、大急ぎで飯を頬張る人の、卑しいしぐさを思い出さずにはいられません。「待望」とは、「期待」と云うことと「希望」と云うこととを一つにしたのでありましょうが、そんな慌しい、せわしない云い方をせずとも、「期待し、かつ希望する」とか、「必ずそうなるであろうし、またそうなって欲しい」とか、云う風に云えるのであります。

それと同じ意味で、「銀ブラ」とか、「心ブラ」とか、「普選」とか、「高工」とか、

「体協」とか云う風な**略語**を使うことも、文章の上ではあまり品のよいものではありません。もっとも、略語の方が既に一般的になっていて、本来の言葉を使うと、却って廻りくどい場合もある。たとえば、「鰻丼」は「ウナドン」と云わないで、「ウナギドンブリ」と云う方が正しいが、「天丼」を「テンプラドンブリ」と云うのは可笑しい、と云うように、物に依り、時に依って、手加減が必要ではありますけれども、しかし大概は、少し馬鹿丁寧に聞えても、正式に云った方が上品であります。なおこのことは後段「品格について」の項で申し上げるはずでありますが、殊に、外来語を略する云い方、「プロ」「アジ」「デモ」「デマ」の類は、英語を知らぬ日本人には勿論のこと、外国人にも分らないのでありますから、あゝ云うのは最も宜しくない。元来あれは、無産派の闘士などが仲間うちにだけ通用させる符牒の意味で使い出したのでありましょうが、そうであるなら、なおさら世間一般の人がその真似をして、「モガ」だの「モボ」だのと、奇態な言葉を流行らせるには当りません。

五　拠り所のある言葉でも、耳遠い、むずかしい成語よりは、耳馴れた外来語や俗語の方を選ぶべきこと

これも、理由は、説明を要しないほど明らかであります。

日本語系統の言葉がよいと申しましても、古事記や万葉にしか見出だせないようなものよりも、一般に通用する漢語の方が優っていることは申すまでもありません。たとえば「しじま」などと云う語は、韻文には差支えありませんが、普通には「沈黙《ちんもく》」と云うべきであります。また、上品なのがよいからと云って、変に高尚がった、耳遠い言葉は避けなければなりません。どんなに通俗な言葉でも、実際に必要があって使う時は、それほど下品には聞えないものでありますが、そう云う場合に、わざと上品ぶった云い方をすると、却っていやらしく感じられる。たとえば五万圓のことを「五万圓」と書かずに、「珍品五」などと書いたらばどうでありましょう。また痰吐きのことを「唾壺」と云ったところで、それが果して高尚に聞えるでありましょうか。むずかしい、生硬な漢語を使って、儀式張った物云いをする代りに、やさしく、分りやすく、嚙んで含めるように話すことを**世話に砕ける**と申しますが、私は皆さんが、今少し市井の町人や職人などの言語を覚えて、それを文章に取り入れることを、おすゝめしたいのであります。彼等の使っている言葉は、俗語ではありますけれども、必ずしも卑しい感じはなか〳〵機智のある、洗練された云い廻しに富んでおりまして、必ずしも卑しい感じは起りません。のみならず、むずかしい熟語を沢山積み重ねるよりも、たった一つの俗語の方がぴったりと当て篏まり、痒い所へ手の届くような気がすることは、実際にしば〳〵あるのであります。で、小説家では里見弴氏、久保田万太郎氏等が、そう云う俗語を自在に使い分けて、それ〴〵一家の風を成していますから、これらの諸家の用語を研究されることも有益でありましょうが、特に私は、落語家や講談師、分けても名人上手と云われる人たちの話を聞きに行かれることが、大いに参考になると思うのであります。

次に外来語でありますが、これも、意味がよく通じるものは、強いて漢字を充てないで、原語のまゝ使うことに賛成であります。「ムーヴィー」を「映画」と訳するからと云って、「トーキー」にも訳語がなければならないと云う理窟はありません。翻訳家の中には、「バタ」を「牛酪」、「チーズ」を「乾酪」、「ライティングデスク」を「書物机《かきものづくえ》」などと訳す人がありますが、そんな言葉を実用に使っている者は一人もないのでありまして、そう云う方針を押し通したら、パンだの、ペンだの、インキだの、ランプだのまで、訳さなければならなくなりましょう。それに、前にも申しましたような漢語の弊害を考えますと、外国語に対してなまじな新語を充てますよりは、むしろ原語をそのまゝ輸入しました方が、簡単で、明瞭で、時勢に適しているのであります。

○　調子について

調子は、いわゆる文章の音楽的要素でありますから、これこそは何よりも感覚の問題に属するのでありまして、言葉を以て説明するのに甚だ困難を覚えるのであります。つまり、**文章道において、最も人に教え難いもの、その人の天性に依るところの多いものは、調子であろう**と思われます。

昔から、文章は人格の現われであると云われておりますが、啻《ただ》に人格ばかりではない、実はその人の**体質**、生理状態、と云ったようなものまでが、自《おのずか》ら行文の間に流露するのでありまして、しかもそれらの現われるのが、**調子**であります。されば**文章における調子は、その人の精神の流動であり、血管のリズムである**とも云えるのでありまして、分けても体質との関係は、よほど密接であるに違いない。あたかも声とか皮膚の色とかが、直ちにその人の生理状態を想像させるように、何かそれに似たものが両者の間に潜んでいるらしく考えられる。で、誰でも文章を作る以上、自分で意識しているといないとに論なく、自然とその人の体質に応じた調子が備わって来るのでありまして、生れつき熱情的な人は情熱の籠った調子を帯び、冷静な人は冷静な調子が出る。また呼吸器の弱い人は、どことなく息の続かない所が窺われ、消化器病のある人は、血色のすぐれない、冴えない顔色を反映する。その他、なだらかな調子を好む人、ゴツゴツした調子を好む人等は、恐らくそれぞれ体質的にそうなる約束があるのでありますから、調子と云うものは、後天的に教えてもさほど効果があろうとも思われません。もし或る人が自分の文章の調子を変えようと欲するなら、むしろ心の持ち方とか、体質とか、云う方面から改めてかゝるべきであります。ですが、そう云ってしまっても大摑みに過ぎますから、まず大体の種類を挙げ、その種類に属する代表的な作家の名を示して、いささか御参考に供することにします。

一　流麗な調子

これは、前に申しました源氏物語派の文章がそれでありまして、すらすらと、水の流れるような、どこにも凝滞するところのない調子であります。この調子の文章を書く人は、一語一語の印象が際立つことを嫌います。そうして、一つの単語から次の単語へ移るのに、そのつながり工合を眼立たないように、なだらかにする。同様に、一つのセンテンスから次のセンテンスへ移るのにも、境界をぼかすようにして、どこで前のセンテンスが終り、どこで後のが始まるのか、けじめを分らなくするのであります。しかし、つなぎ目の分らないセンテンスを幾つもつなげて行くことは、結局非常に長いセンテンスを書くことになりますから、なか〳〵技巧を要するのであります。それと云うのが、日本語には二つのセンテンスをつなぎ合せる関係代名詞と云うものがない。従って、どうしてもセンテンスが短かくなりがちでありますが、それを強いて繋ごうとすれば「て」だの「が」だのが頻出して耳障りになりますので、昔から、「て」の字の多い文章は悪文だと云われておりますのは、まことにその通りであります。ではいかにして繋ぎ目をぼかすかと云いますと、この書の第六十三頁に引用してある源氏の須磨の巻の文章、あれがその模範的な一例でありますから、もう一度あそこを開いて御覧なさい。あの文章は、「かの須磨は、」から始まって「いと本意なかるべし。」までが一つのセンテンスのようでありますが、考え方に依っては、その次の行の「思し乱る〻。」までを一つと見ることも出来る。なぜなら、「かの須磨は」から以下そこまでが源氏の君の胸中における感慨であって、「いと本意なかるべし。」の所は、形の上では一応切れているものの、心持の上では切れていない。ところで、そう云う風に見て行くと、「思し乱るゝ。」の次に始まる「よろづの事云々」のセンテンスも、独立しているが如くであって、気分の上ではやはり前に繋がっている。かくしてこの四行の文章は、三つのセンテンスから成り立っているとも云えるし、全部が一つのセンテンスであるとも云える。勿論それは心持や気分ばかりでなく、切れ目〳〵に際立つ言葉を使っていないのにも依りますが、しかもこの中には、「て」の字で繋いである所は一箇所もないのであります。

今試みに、この原文のなだらかな調子を失わないようにして、現代語に訳してみますと、次のようになります。

　あの須磨と云う所は、昔は人のすみかなどもあったけれども、今は人里を離れた、物凄い土地になっていて、海人《あま》の家さえ稀であるとは聞くものの、人家のたてこんだ、取り散らした住まいも面白くない。そうかと云って都を遠く離れるのも、心細いような気がするなどときまりが悪いほどいろ〳〵にお迷いになる。何かにつけて、来し方行く末のことどもをお案じになると、悲しいことばかりである。

こう云う風に直しますと、つなぎ目がぼかされている点は、あえて原文と変りはない。されば、口語体を以て長いセンテンスを書くことも、決して不可能ではないのであります。

けれども、現代の人はとかくこう云う風に書かないで、下のように書くのが普通であります。

あの須磨と云う所は、昔は人のすみかなどもあったけれども、今は人里を離れた、物淒い土地になっていて、海人の家さえ稀であると云う話であるが、人家のたてこんだ、取り散らした住まいも面白くなかった。しかし源氏の君は、都を遠く離れるのも心細いような気がするので、きまりが悪いほどいろ〳〵に迷った。彼は何かにつけて、来し方行く末のことを思うと、悲しいことばかりであった。

こうすると繋ぎ目が切れて、明らかに三つのセンテンスになってしまいます。

私はこう云う書き方が悪文であると云うのではない。が、今日は短かいセンテンスが流行る結果、前のような書き方もあることを、そうして、関係代名詞のない日本文でも、混雑を起すことなしに、幾らでも長いセンテンスが書き得ることを、忘れている人が多いのではないかと思いますので、特にそう云う文章の美点を力説したいのであります。

そこで、右の二つの書き方を比較しますと、後者が前者と異る所は、

イ　敬語を省いたこと
ロ　センテンスの終りを「た」止めにしたこと
ハ　第二第三のセンテンスに主格を入れたこと

であります。このうち、イの敬語に関しては後段に述べる機会がありますから、今は触れないことにしまして、ロとハについて、それが調子と云うものにいかに影響しているかを説明致します。

まず「ロ」のことから申しますと、日本語は支那語や欧洲語と違いまして、センテンスの最後へ来るものが、形容詞か、動詞か、助動詞であることに、ほとんど一定しております。稀には名詞止めもありますが、大概は以上の三つの品詞、分けても助動詞が多く、従ってセンテンスの終りの音に変化が乏しいのであります。昔、終りの文字を「たりき」と書きたがる癖の学者先生があって、「たりき先生」と云う渾名を取ったと申しますが、それでも文章体の方は相当に変化しますけれども、口語体になると、この缺点が特に著しい。大部分が「る」止めか、「た」止めか、「だ」止めでありますます。もっとも、「あろう」、「しよう」などの如く「う」で止める場合、「行く」、「休む」、「消す」などの如く現在止めで終る場合、「多い」「少い」「良い」「悪い」などの如く形容詞の「い」で止める場合、等々もありますけれども、そんな場合にも、「行くのである」、「休むのであった」、「多いのだ」、「少いのだ」、「良いのである」、「悪いのであった」と云う風に、「のである」や「のであった」や「のだ」を添えることが流行りますので、結局は「る」止めか「た」止めになってしまう。そう云う風に同一の音が繰り返されますと、どうしてもセンテンスの終りが際立ちます。就中、「のである」止めと「た」止めとが最も耳につき易い。と云うのは、「のである」は終止を示すために特に重々しく附け加えた文字であり、また「た」と云う音は韻《ひびき》が強く、歯切れのよい音でありますから、当然そうなる。そこで、繋ぎ目をぼかすためには、なるべく無用な「のである」や「のであった」を附け加えないようにする。また、動詞で終る時は現在止めを用いて、「た」止めを避けるようにする。殊に、私の感じを申しますなら、「のである」は音がなだらかでありますから、それほどでもありませんが、「た」止めが分けて際立つのであります。

「ハ」の主格のことにつきましては、既にこの書の第七十四頁、及び七十九、八十頁において論じました通り、元来日本文においては、無用な主格は省くべきものであり、英文法で云う意味の主格と云うものは存在しないのでありまして、しかもこの主格を省くと云う手段が、繋ぎ目をぼかすのに最も有効であることは、今の二つの訳文を対照されれば、直ちにお分りになるでありましょう。なおまた、第八十頁を開いて、雨月物語の文章を御覧になると、冒頭の「あふ坂の関守にゆるされてより」から「しばらく笻《つゑ》をとゞむ。」までが一つのセンテンスでありますが、これにさえ主格がない。さてその次の「草枕はるけき旅路の労《いたはり》にもあらで、観念修行の便《たより》せし庵なりけり。」が、また一つのセンテンスでありますけれども、英文法の考えから云えば、かくの如きものはセンテンスの断片であって、それだけでは意味を成さない不完全な句であると云うでありましょう。なぜなら、このセンテンスには、「彼が笻をとゞめた所は」と云う風な主格に代る長い句が、全部略されているからであります。しかしながら、もしもそう云う句を入れれば、この全文の流麗な調子が壊されてしまう。「行く〱讃岐の真尾坂の林といふにしばらく笻をとゞむ。」と来て、「草枕はるけき旅路の――――」と繋がるのが、いかにも自然であり、なだらかである。ましてこの場合は、「彼が笻をとゞめた所は」と断るまでもなく、意味は充分に通じますので、強いてそれを入れるとすれば、文法上の辻褄を合わせるだけのことに過ぎない。されば、「文法に囚われるな」と申しましたのは、全くこゝのことでありまして、前の源氏物語の一節と云い、この雨月物語の叙述と云い、**畢竟かくの如き文章にはセンテンスの切れ目がない、全体が一つの連続したものである**と考えるのが至当であります。それを、西洋流の文法の頭で幾つかのセンテンスに分けようとすれば、いろ〳〵の主格を補わなければなりませんが、日本文ではさような形式を整えるに及ばぬ。つまり、前者では源氏の君、後者では西行法師が**事実上の主人公**であって、それ以外に、主格と云うものがないのであります。

以上で流麗な調子と云うものを、技巧の上から大略説明いたしましたが、正直のところ、この説明がさほど実際の役に立つとは信じられません。なぜなら、前にも申しましたように、これは専ら天稟の体質に依るのでありまして、技巧は末のことだからでありますます。仮りに皆さんが、技巧を悉く会得されたとしましても、天性この調子に適しない人であったら、決してなだらかな流露感が文章の上に出るはずはない。字面はなだらかに見えましても、小手先の模倣に過ぎないものは、何となく全体に気が抜けていて、真に生きた血が通っていない。それに反して、生れつきそう云う体質の人は、書こうとするものが最初から一種のリズムを以て頭に浮かんで来ますので、技巧的には思いの外無頓着であったり、ゴツ〳〵した文字や、語呂の悪い音を使ってあったりしましても、不思議にそう云う文字や音が耳につかないで、すら〳〵とした淀みのない律動が読者に伝わる。時には、それが、云うべからざる生理的快感をさえ与えるのであります。

なお、現代では泉鏡花氏、里見弴氏、宇野浩二氏、佐藤春夫氏等がほゞこれに近い作家かと思いますから、これらの諸家の作品をお読みになれば、私の云う「調子」の意味が一層よくお分りになるでありましょう。とにかく、昔は文章を褒めますのに流暢だとか流麗だとか云う形容詞を常套的に用いましたくらいで、なだらかに読めると云うことを第一の条件に数えましたが、今はカッキリとした、鮮明な表現を喜びます結果、そう云う書き方は流行後れの気味であります。けれどもひそかに思いますのに、**これこそ最も日本文の特長を発揮した文体**でありますから、願わくはこれを今少し復活させたいものであります。

二　簡潔な調子

これは総べての点において、「一」と正反対の特色を持つものであります。この調子の文章を書く人は、一語一語の印象が鮮明に浮かび上ることを欲します。従ってセンテンスの切れ目〳〵も、力強く一歩一歩を踏みしめて行くように、はっきり際立たせて書きます。ですからなだらかな感じはありませんが、流れが一定の拍子を以て反復されるところに一種剛健なリズムがある。「一」が源氏物語派であり、和文調であるとすれば、これは非源氏物語派であり、漢文調であります。そうしてそのリズムの美しさも、漢文のそれと相通ずるものがあります。

幸いにして、この調子の文章には志賀直哉氏の作品と云う見事なお手本がありますから、それらを繰り返し玩味されるのが近道でありますが、氏の文章における最も異常な点を申しますと、それを刷ってある活字面が実に鮮かに見えることであります。と云っても、勿論志賀氏のものに限り特別な活字がある訳はない。単行本でも雑誌に載るのでも普通の活字で刷ってあるのに違いありませんが、それでいて、何か非常にキレイに見えます。そこの部分だけ、活字が大きく、地紙が白く、冴え〲と眼に這入ります。これは不思議でありますが、なぜそう云う感じを起させるかと云うと、作者の言葉の選び方、文字の嵌め込み方に慎重な注意が払われていて、一字も疎かに措かれていない結果であります。そのために心なき活字までが自然とその気魄を伝えて、あたかも書家が楷書の文字を、濃い墨で、太い筆で、一点一劃いやしくもせずに、力を籠めて書いたかのように、グッと読者に迫るのであります。

文章も、こう云う域に達するのは容易でありません。大概な人の書いたものは、印刷物にしてみても活字が宙にふわついていて、じきに動きそうに見えますが、志賀氏の使う文字は、活字になっても根を据えたようにシッカリと、深く見えます。さればと云って、特に人目を驚かすような変った文字や熟語が使ってあるのではありません。志賀氏は多くの作者の中でも派手な言葉やむずかしい漢字を使うことを好まず、用語は地味で質実であります。たゞその文章の要領は、叙述を出来るだけ引き締め、字数を出来るだけ減らし、普通の人が十行二十行を費す内容を五行六行に壓縮する、そうして形容詞なども、最も平凡で、最も分り易くて、最もその場に当て篏まるもの一つだけを選ぶ、ことであります。こうすると、一字一字へ非常な重みが加わって来、同じ一箇の活字でありながら、その中に二箇三箇の値《あたい》を含み、全く違った活字のように浮かび上って来るのであります。

が、申すまでもなく、これは口で云うようにわけなく出来る仕事ではないのでありま す。まず練習の方法としては、只今述べた方針に従って能う限り壓縮した文章を作ってみる。しかし最初は、少しの無駄もないようなものが一度で書けるはずはないので、読んでみると無駄が眼につく。で、その無駄を削っては読み返し、削っては読み返しして、削れるだけ削る。そのためにはセンテンスの構造や言葉の順序を取り変えたり、全然用語を改めたりする必要も起る。この書の第二十六頁に引用してある「城の崎にて」の一節を以て説明しますと、あれの終りの方に、

他の蜂が皆巣に入つて仕舞つた日暮、冷たい瓦の上に一つ残つた死骸を見る事は淋しかつた。

とありますが、初心の者にはなか／＼こうは引き締められない。

日が暮れると、他の蜂は皆巣に入って仕舞って、その死骸だけが冷たい瓦の上に一つ残って居たが、それを見ると淋しかった。

と云う風になりたがる。それを、もうこれ以上壓縮出来ないと云う所まで引き締めて、ようやく前のようなセンテンスになるのであります。

それから、この「城の崎にて」を御覧になっても分る通り、簡潔な調子の文章は、歯切をよくし、センテンスとセンテンスの境界を明確にしなければなりませんから、なるべく「た」止めを用いるのでありますが、時には引き締まった感じを出すために、現在止めを用いるのもよい。が、「のである」「のであった」、——殊に「のである」は間伸びがしますから、これは避けるようにします。なおまた、

それは三日ほどその儘になっていた。それは見ていていかにも静かな感じを与えた。淋しかった。……しかしそれはいかにも静かだった。

の如く、「それは」と云うような言葉を設けて、センテンスの初めを強める手段を取ります。

読者は或は、この場合の「それは」が英文法の主格と同じ働きをしているために、こう云う文章を英文臭いと感じられるかも知れませんが、作者が文法に縛られて無用な文字を置くような人でないことは、「淋しかった。」の一句を以て一文を成しているのでも明らか（第二十七頁参照）でありまして、この「それは」はそんなことよりも、私が第四十九頁において解説した如く、専ら調子を張る目的で用いられた繰り返し、即ち「た」止めの「た」と同じ役目をしているものと見るべきでありましょう。一体、簡潔な美しさと云うものは、その反面に含蓄がなければなりません。単に短かい文章を積み重ねるだけでなく、それらのセンテンスの孰れを取っても、それが十倍にも二十倍にも伸び得るほど、中味がぎっしり詰まっていなければなりません。もしそうでなく、間伸びのした内容をたゞポキリ〳〵と短かく切って、「た」止めのセンテンスにして綴ったとしますと、なるほど拍子の感じだけは出るでありましょうが、そう云う場合にはそれが却って軽薄に聞えて来ます。どっしりとした、力強い足音でなく、ピョイ〱跳ねている足音になります。ですから、この調子の文章においては東洋的な寡言と簡潔とが「一」の文体よりも更に大いに要求されるわけでありまして、かた〲孰れの場合にも西洋流のおしゃべりは禁物であります。志賀氏の作品に徴しましても、その物を見る感覚には近代人の繊細さがあり、西洋思想の影響があることは否めませんが、その書き方は東洋的でありまして、漢文の持つ堅さと、厚みと、充実味とを、口語体に移したと云ってもよいのであります。

三　冷静な調子

文章の調子に現われる作者の気質を大別しますと、源氏物語派即ち流麗派、非源氏物語派即ち簡潔派となるのでありまして、細別すればまだ幾つにも派生しますけれども、要するにこの二つのを出でないと思います。が、なおこの外に考えれば冷静な調子と云うものがあります。

これは、云い換えれば**調子のない文章**であります。大概な人の書く文章には、流麗なもの、簡潔なもの、その他善かれ悪しかれ、何かしら**言葉の流れ**が感じられますが、時には流れの停まっている文章を書く人がある。そう云うものは、形態の上では

「一」に近かったり、「二」に近かったり、まち〳〵でありますから、初心の者にはちょっと分りかねましょうけれども、よく読んでみると、全然**流露感**のないことが分る。ちょうど絵に画いた渓川の如きもので、流れる形はしているけれども、その形のまゝで停まっている。しかし流露感がないからと云って必ずしも悪文とは限りません。**流れの停滞した名文**と云うものもあります。そうして、その最も傑れたものになると、淵に湛えられた清冽な水がじっと一箇所に澱んだまゝ、鏡のような静かな面に万象の姿をあり〳〵と映している如く、書いてあることが一目瞭然としているので、読者の頭の中までがキチンと整理されたようになります。

大体において、調子のない文章を書くのは学者肌の人に多い。たとえば昔擬古文と云うものが流行った時代に、国学者等が和文を作ると、よくそう云うものが出来た。学者は文法だの、言葉使いだの、修辞上の技巧だのをいろ〳〵知っていますから、流麗調、簡潔調、時に応じて孰方でも書ける。そうして、見たところ文体も整っていて、どこにも批難すべき点はないのでありますが、読んでみると肝腎の流露感がない。全体の調子が死んでいて、つまり絵に画いた渓川になっている。そう云うのは悪い方の例でありますが、善い方の例、あの淵の水に譬えたような名文を書く人も学者に多い。

それはそのはずで、学者は客観的に物事を眺め、明晰な頭脳に照らして判断する、情熱よりは精神の平衡と冷静とが要求される、故に自然と書くものまでがそうなるのでありまして、やはり体質の問題であります。

かつて何かの本で読みましたのに、有名な独逸《ドイツ》の哲学者カントの文章は乾燥した輝きを帯びているそうでありますが、それは恐らくこゝに云うような文章を指すのでありましょう。いや、カントのみならず、偉大な哲学者の文章は必然的にそうならなければなりますまい。で、この派の名文家の筆にかゝると、世の中の動く姿が、戦争でも、爆発でも、噴火でも、地震でも、悉く粛然たる静止状態となって再現される。どんなゴタ〳〵した、騒々しい動相でも、混雑を去り、音響を去って、秩序正しく、彫刻の石像のように寂然と描き出される。藝術家でも学者肌な人の作品はそう云う傾きがありまして、「漾虚集」時代の漱石のもの、「薤露行」「倫敦塔」の如きものは、その標本であります。鷗外も、前に私はこの人を非源氏物語派に加えましたが、一概に簡潔派であるとも云えない。どちらかと云えば冷静派の方に属していると思われます。第八十六頁に示した「即興詩人」の一節を見ましても、やはりそう云う感じがしますが、「阿部一族」や「高瀬舟」や「山椒大夫」や「雁」などと云う小説をお読みになれば、一層このことがはっきりするでありましょう。

これで調子の分類は大略終ったのでありますが、心づいた点を今少し補足いたしますと、「二」の流麗な調子の変態として、

四　飄逸な調子

と云うものがあります。これは南方熊楠氏の随筆や三宅雪嶺氏の論文の文章が最もそれに近い。小説家では適当な例を思い出せませんが、武者小路実篤氏の或る時期のもの、佐藤春夫氏の「小妖精伝」の如きものが、やゝその趣を備えているかと信じます。

この調子は流麗調の変化したものではありますけれども、その名の如く飄々として捕えどころのないものでありますから、技巧の上からは説明のしようがありません。とにかく、これを書くには一切の物慾があってはいけない。名文を書いてやろうなどと云う、野心のあることが何よりも宜しくない。また、世道人心を益しようとか、社会の害悪を除こうとか、そう云う一切の娑婆ッ気を絶たなければならない。要するに、張り詰めたり、力み返ったり、意気込んだりすることは禁物でありまして、何らの気魄もなしに、横着に、やりッ放しに、仙人のような心持で書くのである。ですからこ

れは、教えて教えられるものではありません。その心境にさえ達すれば、どんな書き方をしましても自《おのずか》らこの調子が出るのでありますから、そうなりたければ、禅の修行でもされるのが近道でありましょう。

たゞ、これこそ本当に東洋人の持ち味でありまして、西洋の文豪でそう云う風格を備えているものは、ほとんど一人もないと申して差支えありますまい。

また、「二」の簡潔な調子の一変化として、

五　ゴツ〳〵した調子

のものがあります。これは、不用意に読むと悪文だと云う感じを受ける。事実、悪文と云ってもよいのでありますが、本来の悪文と異るところは、それを作る人が流麗な調子や簡潔な調子をことさらに避けて、わざとゴツ〳〵と歩きにくい凸凹《でこぼこ》道《みち》のような文章を作る。ですからこの人は、音調の美が分らないのではない。彼はそれを理解する感覚を持っているのですが、或る目的があって故意に読みづらいように書く。と云うのは、あまり流暢にすら〳〵と書くと、読者はその調子に釣られて一気に読んでしまい、一語一語に深く意を留めない恐れがある。軽舟に乗ってなだらかな渓流を馳せ下るようなもので、馳せ下ることそれ自身が一つの快感ではありますけれども、両岸

の景色、山や、森や、立ち樹や、丘陵や、村落や、田園等はどんな姿をしていたか。通った後で考えてみると、応接に暇がなかったために何も記憶に残っていない。七五調の文章の如きは最もこの弊に堕したものでありまして、馬琴の小説などがそうでありますが、あれを読むと、調子ばかりで内容は空疎に思われる。されば近松門左衛門は浄瑠璃作家でありながら、七五調はあまりなだらかに過ぎるから避けた方がよいと云うことを、「難波土産」の中で述べております。簡潔派の作家はこう云う理由で流麗派の文章を嫌うのでありますが、ゴツ〳〵派の作家は、簡潔派の文章でもなお流暢に過ぎると思うのであります。なるほど、流暢派に比べれば、簡潔派の書き方はそうすら〳〵とは運んでいない。要所要所で流れを堰き止めて、両岸の景物をはっきりと旅人に印象させる。が、それでもやはり流れそのものに快感がある。なだらかではないが、一丁、二丁の距離を置いて、ドッと奔湍が岩にぶつかり、旅人はその水勢の爽やかなのに恍惚として、やゝともすれば陸地の観察をおろそかにする。そこで、もっとよく陸地を見て貰うには全然流れの快感を与えないのが一番よいと、こうゴツ〳〵派は考えるのであります。

ですからこの派の人々は、努めてリズムを不愛想に、不愉快にします。少し進みかけたと思うと、すぐ彼方へ打つかり此方へ打つかりするように書きます。読者は至る所で石を踏んだり、穴ぼこに落ちたり、木の根に蹴つまずいたり、しなければならない。けれどもそうして進行を阻まれるために、その穴ぼこや石や木の根に忘れられない印象を受けます。故にこの書き方は、「三」の冷静派のように調子がないのではありません。もと〳〵調子と云うものに鋭敏である結果、却って調子を殺しているのでありますから、そこに「ゴッ〳〵した調子」と云う、或るブッキラボウな、味のある調子が出ます。この目的を達するためには、リズム、即ち音楽的要素をゴッ〳〵させるばかりではない。視覚的要素、文字の使い方も、わざと片仮名にしてみたり、変な宛て字を篏めてみたり、仮名使いを違えてみたりして、字面を蕪雑にすると云う手段も取ります。されば一見頭の悪い人間の書いた拙劣な文章に似ていますが、それでもそれだけの用意があって書く悪文には、**悪文の魅力**とでも云うべきものがあって、読者を惹き着けるのであります。

右のように申しますと、いかにも小刀細工を弄した、技巧的なもののように思われますが、これも実は体質のする業《わざ》でありまして、当人はそんな技巧にかゝずらわっているのではなく、むしろ自然に書けるのであります。それで、私などが、とき〴〵自分の文章の型を破ろうとして調子を外してみますけれども、妙にいじけた、中途半端なものが出来てしまい、思い切った悪文になり切れず、況んや魅力などは出ないのでありまして、目下のところ、天成のゴツ〳〵派は滝井折柴氏一人あるのみでありましょう。

もはやこれ以上細別するにも及ぶまいと思いますから、このくらいにして止めますが、たゞお断りして置きますのは、総べての作家が判然とこの五種類の孰れかに属していると云うわけではありません。体質と云うものは生れつきでもありますが、その人の境遇、年齢、健康状態等に依って、後天的にも変化します。ですから、若い時代には流麗派であったが、年を取ってから簡潔派になったり、或はその逆であったり、いろ〳〵であります。しかし実際には、そう純粋に一方へ属している作家は少いのでありまして、或は流麗調三分に簡潔調七分、或は冷静調五分に簡潔調五分と云った工合に交り気がある。また、幸田露伴氏の如きは鷗外に劣らぬ学者でありながら、その調子は冷静でなく、むしろ情熱的であって、流麗と簡潔とを兼ねているのであります。純粋なのは、その生一本で清澄な所を取るべく、交り気のあるのは、その多角的で変化に富む所を取るべく、それ〴〵美点がありますから、一概に孰れがよいとは申し切れません。しかしながら、私はゲーテの作品を原文で読んだことはありませんが、英訳や日本訳によって受けた印象を申しますと、同じ一つの文章が、視角を変えるごとに、或る時は流麗調の如く、或る時は簡潔調の如く、また或る時は冷静調の如くに感ぜられる。そうしてその三つの長所を、おの〱十分ずつ、完全に具備しているように見える。かくの如きは稀な名文でありまして、その天分の豊かなことを語っているものでありましょう。

○ 文体について

文体とは、文章の形態、もしくは姿と云うことでありますが、実を申しますと、既に私は前の「調子」の項において、ほゞこのことを説き尽しております。なぜなら、調子と云い、文体と云いましても、同一のものを違った方面から眺めただけのことでありまして、実質に変りはありません。或る文章の書き方を、言葉の流れと見て、その流露感の方から論ずれば調子と云いますが、流れを一つの状態と見れば、それがそのまゝ文体となります。ですから、流麗調、簡潔調、冷静調等を、それ〲流麗体、簡潔体、冷静体と呼ぶことも出来ます。

しかし、物を測るにはいろ〳〵な物差があります。一つの反物を裁つのにも、鯨尺に依って裁つことも出来れば、メートル法に依って裁つことも出来る。文体を分つのにも、調子を標準にして分つことも出来ますが、様式を標準にして、文章体、口語体、或は和文体、和漢混交体、と云う風にも分けられる。そうして、従来「文体」と申しましたら、この様式上の分け方を意味するのが普通でありました。

そこで、この分け方に従いますと、今日一般に行われている文体は、たゞ一種、即ち口語体だけしかありません。明治の中葉頃までは口語体に文章体を加味した**雅俗折衷体**と云うものが、小説の文章に応用されたことがありましたけれども、現在ではそれも亡びてしまったのであります。

ですから、強いて分類するとなれば、この口語体と云うものを更に幾通りかに細別するのでありますが、仮りに私は、

一　講義体

二　兵語体

三　口上体

四　会話体

の四種類に分けてみたのであります。

全体、われ〳〵は今日行われている文体を口語体とか言文一致体とか申しておりますが、厳密に云えば決して口でしゃべる通りを文字にしてはおりません。文章体に比べれば、勿論大いに口語に近づいておりますけれども、なお実際の口語との間には相当の隔たりがあるのでありまして、やはり一種の文章体と見なすことが出来ます。されば私の分類法は、実際の口語との隔たり加減を目安にしたのでありまして、名前の附け方が穏当でないかも知れませんが、他に適当な名が浮かびませんので、一応こう呼んで置くのであります。

一　講義体

これは、実際の口語には最も遠く、従って文章体に最も近い文体であります。

今、

彼は毎日学校へ通ふ。

と云う文章を、口語文に訳すとしまして、もし講義体を用いれば、かくの如き現在形の単純な文章においては全然文章体と同じく、彼は毎日学校へ通ぅ。

となります。次に過去の形、

彼は毎日学校へ通ひたりき。

を直しますと、

彼は毎日学校へ通った。

となります。次に未来の形、

彼は毎日学校へ通ふらん。

を直すと、

彼は毎日学校へ通うであろう。

となる。また、

彼は賢し。

彼は賢かりき。

の如き形容詞止めの文章でありますと、

彼は賢い。

彼は賢かった。

と云う風になります。

これが講義体の最も単純な形でありますが、しかし実際には、センテンスの終りを強める目的から、これに「のである」「のであった」「のだ」「だった」等を附け加えて、

彼は毎日学校へ通うのである。

――のであった。

――通ったのである。

――ったのであった。

――通うのだ。

――のだった。

彼は賢いのである。

――のであった。

――賢かったのである。

――のであった。

と云う風にすることが多い。

われ〳〵は日常個人を相手にして話す時には、こう云う云い方は使いません。が、大勢の聴衆を前にしてしゃべる時、殊に、教師が教壇に立って講義する場合には、これ

を使うのが普通でありまして、いくらか儀式張った感じを伴うのであります。元来、文章は個人を相手にする場合よりは公衆を相手にする場合の方が多いのでありますから、この講義体を用いるのが自然でありまして、今日一般に普及している口語文なるものは、その大部分がこれであります。されば講義体即ち現代文であると申しても差支えなく、紅葉露伴以後、明治大正期における諸文豪の散文文学は、ほとんど悉くこの文体で綴られているのであります。

二　兵語体

これは「である」「であった」の代りに、「であります」「でありました」を加えるものであります。これの最も単純な形は、

彼は学校へ通います。
通いました。
彼は賢くあります。

と云う風になりますが、またそうしないで、講義体の「のである」「のであった」をそのまゝ「あります」「ありました」に改めて、

通うのであります。

通ったのでありました。

賢いのでありました。

と云う風にもする。

この云い方は、軍隊において兵士が上官に物を云う時に用いられており、儀式張った感じもしないではありませんが、礼儀深い、慇懃な心持が籠っております。ですから講義体よりも優しみや親しみがありますので、それほど廣く行き渡ってはおりませんけれども、なお相当に実用化されておりまして、中里介山氏の「大菩薩峠」、それから現に私のこの読本の文体などがそうであります。

三　口上体

これは「あります」「ありました」の代りに「ございます」「ございました」を使うもので、兵語体より一層丁寧な云い方になります。

この云い方は、主として都会人が改まった席へ出て口上を述べ、挨拶を交す時に、今もよく用いられております。そうして馬鹿丁寧な人になりますと、講義体に「ございます」を加えて、

通うのでございます。

通ったのでございました。

と云うだけでは満足せず、兵語体の上につけ加えて、

通いますのでございます。

通いましたのでございました。

と云い、もっと極端なのは、「ございますのでございます」と云うように申します。これはあまり廻りくどく、長たらしくなりますので、久保田万太郎氏が一度使ったことがあるかと思いますが、よほど特異な作家でない限り、そう行われておりません。

しかしながら、廻りくどいのは口上体ばかりでなく、講義体も兵語体も、皆幾分かその弊があると申してよい。なぜなら、「ある」「あった」で済むところを「あるのである」「あるのであった」「あったのであった」「あるのでありました」「ありましたのであります」などと書きたがる癖がつきますと、そうしなければ落ち着きが取れないような気がして来ますので、知らず識らず長たらしくなりがちであります。のみならず、以上の三つの文体は、センテンスの終りに「る」、「た」、「だ」、「す」等の音が繰り返される場合が多いので、都合のよいこともありますけれども、文章体に比べますと、

形が極まりきってしまって、変化に乏しい缺点があります。そこで、さような窮窟な云い方や切り口上を使わずに、いっそ口でしゃべる通りに、自由に書いたらどうかと云うのが、

四　会話体

でありまして、これこそ**本当の口語文**と云うべきものであります。

事実、皆さんが平素話をされる時には、センテンスの終りにもっと音の変化があります。たとえば、「彼は毎日学校へ通う。」とそうキッチリとは云い切らない。「通っているさ」とか、「通うんでね」とか、「通いますよ」とか、「通うんだからなあ」とか、いろ〱の音が後に附きます。また婦人でありますと、「通うわ」とか、「通うわよ」とか、「通いますの」とか、「通いますのよ」とか、云う風に云いますが、これらの「さ」、「ね」、「よ」、「なあ」、「わ」、「わよ」、「の」、「のよ」の類は、決して無意味に附け加えられた音ではありません。やはり語尾を強めたり、弱めたり、その他、皮肉や、愛嬌や、諷刺や、反語や、それとはっきり現わすことを欲しないところの微妙な心持を伝えています。前に私は、口で話される場合には、その人の声音《こわね》とか、言葉と言葉の間《ま》とか、眼つき、顔つき、身振、手真似などが這入って来ますのに、文章には

そう云う要素がないと申しましたが、唯今の**これらの音は**、その文章にない要素を補って、**多少書いた人の声音とか眼つきとか云うものを、想像させる役をしております。**恐らく皆さんは、「通うんだからね」と書いてあれば男の声を想像し、「通いますのよ」と書いてあれば女の声を想像するでありましょう。かく考えて参りますと、これらの音に依って、作者の性を区別することさえ出来るのであります。

この、**男の話す言葉と女の話す言葉と違うと云うことは、ひとり日本の口語のみが有する長所**でありまして、多分日本以外のどこの国語にも類例がないでありましょう。たとえば英語で、

He is going to school every day.

（彼は毎日学校へ通う。）

と云う言葉を肉声で聞けば、話している人が男か女か分りますけれども、文字で読んでは男の書いたものか女の書いたものか分りません。然るに日本語で、会話体を以て書いたら、立派に区別が附くように書けるのであります。

またこの文体は、特に「会話体」と云う別な様式があるのではなくて、講義体、兵語体、口上体を、いろ〳〵に交ぜて使うのである。それから、センテンスが中途でポッ

ンと切れていたり、或は中途から始まったりしていても構わない。従って、名詞止めも出来れば副詞止めも出来、最後に来る品詞が種々雑多である。今、これらの特長をもう一度数えますと、

イ　云い廻しが自由であること

ロ　センテンスの終りの音に変化があること

ハ　実際にその人の語勢を感じ、微妙な心持や表情を想像し得られること

ニ　作者の性の区別がつくこと

であります。

思うに、「文章は口でしゃべる通りに書け」と云った佐藤春夫氏の言葉は、これらの長所に気づいた結果でありましょうが、それにも自《おのずか》ら程度のあることで、実際にしゃべる通りを書いたら、不必要な重複や、粗野な用語や、語脈の混乱や、その他いろ〳〵の無駄や不都合の多いことは、議会の速記録等を読みましても明瞭であります。しかし私は、講義体や兵語体の不自由さを考えますと、何とかして会話体の自由な云い方を、今少し現代文に適用する道はないかと思うのであります。しかもこの文体は、一般の文章には用いられておりませんが、私信、即ち書簡文には往々見かけるのであ

りまして、女学生同士の手紙などには、最も多いようであります。また、講談や落語の筆記には、当然用いられております。ですから、そう云うものを参考にして、追い〳〵応用の範囲と方法とを研究し、小説は勿論、論文や感想文などにも使ってみることは、あながち無益な試みではないでありましょう。

今日、われ〳〵は音読の習慣を失ってしまいましたけれども、しかし全然声と云うものを想像しないで読むことは出来ない。人々は心の中で声を出し、そうしてその声を心の耳に聴きながら読むのであることは、既に第四十二頁において述べた通りでありますが、**然らば男女孰れの声を想像しながら読むか**と申しますと、女子の読者は知らず、**われ〳〵男子が読みます時は、男子の声（多くの場合自分の声）を想像する**のでありまして、それを書いた人の性の如何を問わないのであります。が、もし総べての文章に作者の性が現われたとしましたならば如何でありましょう。**定めしわれ〳〵は、男の書いたものは男の声、女の書いたものは女の声を聴きながら読む**のではありますまいか。**それを考えましただけでも、会話体を応用すると云うことはなか〳〵意義が深いのであります。**

○ 体裁について

こゝに体裁と申しますのは、文章の視覚的要素の一切を指すのでありまして、それを分類いたしますと、

イ　振り仮名、及び送り仮名の問題
ロ　漢字及び仮名の宛て方
ハ　活字の形態の問題
ニ　句読点

等になります。

私は第三十八頁において、言葉と云うものは不完全なものであるから、われ〳〵は読者の眼と耳とに訴えるあらゆる要素を利用して、表現の不足を補って差支えない、と申しました。また第三十九、四十頁において、字面と云うものは善かれ悪しかれ必ず内容に影響する、我が国の如く形象文字と音標文字とを混用する場合において殊に然りであるから、その影響を、その文章が書かれた目的と合致させるように考慮するの

が当然である、とも申しました。ですから体裁と申しましても、実は内容の一部と見なしてもよいわけでありまして、決してゆるがせには出来ないのであります。

イ　振り仮名、及び送り仮名の問題

かつて故芥川龍之介氏は、「読者に一番親切なやり方は、全部に振り仮名を附けることだ」と申しましたが、いかにも一応はもっともの意見でありまして、読者に親切なばかりでなく、そうした方が作者に取っても一番迷惑が少いのであります。たとえば私の小説の標題に「二人の稚児」と申すのがありまして、これを私は「フタリノチゴ」と読んで貰いたいのでありますが、相当教育のある人が「ニニンノチゴ」と読んだことがありました。こう云う間違いは、作者が聞くとあまり好い気持はしないものでありますが、しかもわれ〳〵の口語文においては常に頻々と起るのでありま す。現に今、私は「好い気持」と書きましたけれども、これすら或る人は「ヨイキモチ」と読み、或る人は「イイキモチ」と読むでありましょう。そうして甚だ厄介なことには、むずかしい文字よりもやさしい文字の方が却って間違えられるのでありまして、むずかしい文字はほゞ読み方も一定しており、分らなければ字引を引く気にもなりましょうし、読者の方で注意してくれますけれども、やさしい文字は、作者も油断

をして振り仮名を怠りますし、字引を引いてもいろ〳〵な読み方があったりします。手近な例は「家」でありますが、これを「イエ」と読むべきか「ウチ」と読むべきかは、振り仮名がない限り、大概の場合は分らないのであります。また「矢張」を「ヤハリ」と読むか「ヤッパリ」と読むか、「己一人」を「オレヒトリ」と読むか「オノレヒトリ」と読むか「オノレイチニン」と読むか、「如何」を「イカガ」と読むか「イカン」と読むか「ドウ」と読むか、「何時」を「ナンドキ」と読むか「イッ」と読むか、これらは孰れにも読めるのでありますから、作者の注文通りに読んでくれませんでも間違いとは云えませんし、また教育のあるなしに関係はありません。ところが高級な文藝作品におきましては、これらの何でもない文字の読み方の適不適が、時としてその文章の調子や気分に重大な影響を及ぼすのでありますから、作者としては神経質にならざるを得ません。で、そう云う点から考えますと、全部に振り仮名を打つことが安全な策だと云えるのであります。

しかし、ここに字面の問題が起って来るのでありまして、**総振り仮名**を打ちますと、活字面の美しさが与える快感を、大半以上犠牲にしなければなりません。それと云うのが、大体今日の新聞雑誌等に用いられている活字の大きさは、欧文ならばとにかく、漢字を多く使う国文においては、無理であります。あのように小さくては、上質の紙へ新鋳の活字を以て鮮明に印刷しない限り、字劃の細かい文字などは、少しインキが濃すぎても薄すぎても劃が分らなくなりますから、判読することは出来るとしましても、字面が醜くなりがちでありまして、漢字の魅力を味わうことなどは思いも寄りません。この傾向は近頃いよ〳〵激しくなりつゝありまして、明治時代には五号活字で今よりは粗く組みましたけれども、昨今はポイントと云う、もっと線の細い、型の小さい活字を使う。また新聞紙は段数を殖やし、字詰を詰める関係から、特別に寸の短かい活字を鋳る。で、それでなくてさえ字面が薄汚く見えますのに、それらの活字の側へ、更に一層小さい文字で仮名を振りましたら、やゝともすると真黒なお団子が出来てしまう。ですから今日では、通俗なるべき新聞紙でもその醜悪と手数とに耐えかねて、よほど振り仮名の数を制限するようになっております。

単行本は定期出版物よりも概して印刷が鮮明であり、字面が綺麗でありますから、或種の文藝作品、たとえば泉鏡花氏、宇野浩二氏、里見弴氏等の流麗調の文章には、総振り仮名を用いるのも妨げないでありましょう。なぜなら、この派の文章は一字一字がはっきりすることを必要としない、それより全体をなだらかに読んで貰うことを欲しますから、読者がむずかしい文字に行き当って停滞しないように、その読み方を示して置くのも一つの手段だからであります。のみならず、振り仮名は幾らか漢字の固さを和らげ、平仮名との続き工合をぼかす役目をもするのであります。が、これに反して簡潔調の文章には、振り仮名の持つそれらの効果が直ちに非常な害を与えるのでありまして、この場合には、何よりも字面が清澄であることを欲し、必要な文字以外の部分は地紙が白々と冴えていなければなりませんので、活字の周囲に黒いシミなどが一つでもあっては、面白くありません。また、読者がむずかしい文字に行き当って停滞することは一向差支えなく、むしろその方が印象を深めるわけであります。このことは冷静調においても同様でありますが、これはもと〱理智的な文章でありますから、簡潔調よりも一層字面の清澄と透明とを要するのでありまして、もし漱石の「薤露行」の如きものを総振り仮名附きの醜い印刷で刷ったとしましたら、その藝術的価値は半減するでありましょう。

印刷工の方では振り仮名のことを**ルビ**と呼んでおりまして、総振り仮名附きを**総ルビ附き**、またところ〲へまばらに振るのを**パラルビ**と申すのでありますが、現代の文藝作品に最も多く行われておりますのは、このパラルビの方法であります。けれどもこれも、いかなる文字にルビを振り、いかなる文字を略すべきか、その標準を定めることが思いの外困難であります。なぜなら、前にも申しましたように、むずかしい文字よりはやさしい文字の方が始末に悪く、往々作者の豫期しない所に読み違いが起るからであります。かつて私は一つの方針を立てまして、辞引を引けば分る文字にはルビを施さないことにし、先に申しました「家」、「如何」、「何時」、「己」、「一人」、「一人」の如き類にだけ施すようにしたことがありました。ですがこれにも不都合があると云うのは、仮りに「家」と云う字に「イエ」と振ったとしましても、これは作者が、いつでも「家」を「イエ」と読むことを欲しているのではありません。同じ作品の中においても、或る所では「イエ」と読み、或る所では「ウチ」と読んで貰いたいのでありますから、「イエ」と読むべき場合、「ウチ」と読むべき場合を区別するためには、「家」と云う字へ悉くルビを振らなければなりません。しかもそう云う必要のある文字が幾種類も出て来るのでありますから、それらの総べてへルビを振ることになりましたら、これも随分面倒であり、その上不体裁でもあります。

そこで、振り仮名は孰れにしましても好もしいものではありませんから、真に已むを得ざる場合の外は施さないことに致しますと、こゝに新たなる難問題が発生するのでありますが、その第一は**送り仮名**であります。

もし、芥川氏の説の如く全部に振り仮名を施しましたら、送り仮名は国文法で定められた仮名使いの規則に従い、動詞形容詞副詞等には語尾の変化する部分だけに附け加え、語尾の変化しない名詞等には全然附け加えずともよいわけであります。が、振り仮名を廃した場合には、文法にのみ頼るわけにも行かない事情が起って参ります。たとえば「コマカイ」と云う字は、

細い

と書くのが正しいのでありましょう。しかしそう書けば「ホソイ」と読まれる恐れがありますから、それを防ぐためには、

細かい

と書かなければなりません。しかしそうすると、それと統一を保つために「短い」「柔い」の如き場合にも「短かい」「柔かい」と書くべきである、と、そう考えるのが自然であります。また「クルシイ」と云う文字は、

苦い

と書くべきでありましょうが、「ニガイ」と読まれるのを防ぐためには、

苦しい

と書かなければならぬ。「酷《むご》い」も「ヒドイ」と読まれるのを防ぐためには、

酷ごい

と書く。「賢《かしこ》い」も「サカシイ」と読まれまいためには、

賢こい

と書く。するとまた、これらの形容詞と類似の語根を持つ形容詞には、同じように送り仮名をしなければ不揃いになる。ですが、それなら総べての形容詞をそう云う風に、「長がい」「清よい」「明るい」と書いても差支えないことになり、結局書く人の気分本位になるのであります。

動詞とても同様でありまして、「アラワス」と云う字は「現す」が正しいのかも知れませんが、仮りに、

観音様がお姿を現して

と云う句があったとして、この「現して」を「アラワシテ」と読む人と、「ゲンジテ」と読む人とがありましょう。さればそれを防ぐためには「現わして」と書く。また、「アワヲクラッテ」と云う文句を、

泡を食って

と書きましたならば、「アワヲクッテ」と読む人が多いでありましょう。ですからこれも

泡を食らって

と書く。そうすれば、「働らいて」「眠むって」「勤とめて」と云う風な送り仮名も成り立つことになり、これも銘々勝手次第になってしまいます。

かくの如く語根の音を送り仮名として附け加える必要のある場合は、動詞形容詞に限ったことではありません。名詞においてもしば〳〵起り得るのであります。私は「誤」と云う字を「アヤマチ」と読む人があるのを恐れて「誤り」と書くようにしておりましたが、やがて多くの動詞形の名詞にも送り仮名をする癖がついてしまいました。また、「後」と云う字は、「ノチ」とも「アト」とも「ウシロ」とも読まれますので、「ウシロ」と読んで貰いたい時には、今でも「後ろ」と書くのが常であります。また「先」と云う字を「セン」と読まないで「サキ」と読んで貰いたいために「先き」と書き、「サッキ」と読んで貰いたいために「先ッき」もしくは「先っき」と書いたりいたしましたが、これはあまりに滑稽なので、近頃は仮名で書くことに改めて

おります。しかしながら、これに似たような滑稽事は日常の雑誌新聞紙上に頻々と見受けられるのでありまして、その最も極端な例は、

少くない

と書いて、これに、

少《すくな》くない

とルビを振らずに

少《す》くない

と振る人がある。御丁寧に仮名を振ってまでかような誤りを犯すに至っては、物笑いの種でありますけれども、上述の事情を思い合わせますと、一概に笑うわけにも行かないのであります。

私は今、さしあたり心づいたほんの二三の不都合な点を数えただけでありますが、もし現代の口語文における送り仮名の乱脈と不統一とを調べ出しましたら、際限もないことでありましょう。さればさすがに芥川氏の総ルビ説の卓見であったことを感じるのでありますが、なおこの問題に、**漢字の宛て方**の問題が絡んで参りますと、一層煩わしくなるのであります。

ロ　漢字及び仮名の宛て方

まず皆さんは、次のような字面に二た通りの読み方があることを注意して御覧なさい。

生物　イキモノ　セイブツ
食物　クイモノ　シヨクモツ
帰路　カエリミチ　キロ
振子　フリコ　シンシ
生花　イケバナ　セイカ
捕縄　トリナワ　ホジヨウ
往来　ユキキ　オウライ
出入　デイリ　シユツニユウ
生死　イキシニ　セイシ（シヨウシ）
往復　ユキカエリ　オウフク

これらの字面は、振り仮名が施されていない限り、音で読むか訓で読むかは読者の心任せにするより外はありません。ですから、もし訓で読んで貰いたいと思えば、これらの名詞を構成しているそれ〴〵の動詞に送り仮名をして、

生き物
食い物
帰り路
振り子
生け花
捕り縄
往き来
出入り
生き死に
往き復り

と、こう書かなければなりません。で、従来私は、これはこう書く方がよい、即ち音で読む時は送り仮名をせず、訓で読む時は送り仮名をすることに極めてしまう、「生花」は必ず「セイカ」であって「イケバナ」と読んだら間違いであり、「出入」は必ず「シュツニュウ」であって「デイリ」と読んだら間違いであるとする、さように一定してしまえばこれらの字面の紛らわしさを避けることが出来る、と、そう考えたのでありましたが、こゝにも面倒が生じますと云うのは、それなら

指物
死水
請負
振舞
抽出

等の如き組み合わせはどう書いたらよいか。これらも

指し物
死に水
請け負い
振る舞い
抽き出し

と書かなかったら、「シブツ」「シスイ」「セイフ」「シンブ」「チュウシュツ」と読まれても仕方がなくはないか、と云うことになる。そこで徹底的にそう云う書き方を実行しようといたしますと、「股引き」「穿き物」「踊り場」「球撞き」「年寄り」「子守り」「仕合い」などはよいとしまして、「場合い」「工合い」と云うような字面も生じて参り、論理的には筋が通っておりますけれども、これもあまり煩わしい。のみなら

ず、或る種の組み合わせ、「若年寄」「目附」「関守」「賄方」の如きものは、その字面の中に過去の歴史や習慣や伝統を抱いておりますから、それらをどこまで除外例として扱ったらよいか、これも作者のその時の気持次第で標準がいろ〳〵になり、到底統一させることは出来ないのであります。

なおまた、音にも訓にも関係がなく、たゞ言葉の意味を酌んで漢字を宛てたものが沢山ある。たとえば

寝衣（ネマキ）
浴衣（ユカタ）
塵芥（ゴミ）
心算（ツモリ）
姉妹（キョウダイ）
母子（オヤコ）
身長（セイ）
泥濘（ヌカルミ）
粗笨（ゾンザイ）
可笑しい（オカシイ）

怪しい（オカシイ）
五月蠅い（ウルサイ）
酷い（ヒドイ）
急遽に（ヤニワニ）
威嚇す（オドス）
強要る（ユスル）

のような書き方でありますが、これらは漢字の宛て方に一定の方針があるわけではなく、「五月蠅い」のように気紛れな思い付きの文字もあり、判じ物のようなものも少くありません。そうして、「寝衣」「浴衣」の如きものはほゞ一般化しておりますけれども、中には人に依っていろ〳〵な字を宛てるのがある。「ゴミ」は「塵芥」とも書きますが、また「塵埃」とも書く。「ヤカマシイ」は「喧しい」とも、「矢釜しい」とも書く。「オドス」は「威嚇す」或は「嚇す」と書き、「ユスル」は「強要る」「強請る」「脅迫る」などとも書く。ところで、これらの文字のうち、送り仮名のある動詞形容詞は比較的間違いがなく読めますけれども、それでも「酷い」などは「ムゴイ」と読まれます。また送り仮名のない字面は、「シンイ」「ヨクイ」「ジンカイ」「シンサン」「シマイ」「ボシ」「シンチョウ」「デイネイ」「ソホン」「キュウキョニ」と云う風に読まれましても、仕方がないのであります。

森鷗外は、こう云う問題についてはなか〳〵行き届いておりまして、彼の小説や戯曲を読みますと、漢字や仮名の用い方にいかに注意を払っているかが分るのでありますが、これはあながち、この作家が博学のせいであるとばかりは申せません。昔の作家はなまじ学問がありますと、独特な宛て字を発明して無理な読ませ方をしたがり、却って不統一な状態を助長したものでありましたが、鷗外はそれと異り、よく我が国語の性質を考え、文字使いの困難な事情に思いを致しまして、一つの確乎たる方針の下にそれらの困難を克服し、整理しようと試みたかのようであります。実は私は、まだ鷗外の文章をそう云う方面から読み直したことはありませんので、はっきりしたことは申せませんけれども、恐らく文法学者に見せましても、あらゆる点で最も瑕瑾の少い口語文ではないでありましょうか。そうしてもし、彼の文藝作品を渉猟して、その文章の構成法、用語法等を組織的に調べましたならば、立派な口語文法の書物が出来上るのではありますまいか。彼の仮名使いの正確さについて、私が覚えております二三の例を申しますなら、「感心しない」「記憶しない」のような場合に、必ず鷗外はサ行変格の動詞の規則に従って「感心せない」「記憶せない」と書きました。また、従来は「勉強しやう」「運動しやう」などと書いた場合に、鷗外はこれを「勉強せう」「運動せう」の「せう」が伸びたものと見て、「勉強しよう」「運動しよう」と書きました。また、「向ふの丘」「向ふの川」と書いた場合に、「向ひの丘」「向ひの川」の「ひ」の音便と見て、「向うの丘」「向うの川」と書きました。かくの如き鷗外の仮名使いは、そう云うことに無頓着な近代の若い作家達にも知らず識らず感化を及ぼしまして、その或るものは今もそのまゝ踏襲され、幾分か統一が保たれていることを思いますと、われ〳〵はこの方面における彼の功績をも、見逃してはならないのであります。

そこで、唯今申しましたような紛らわしい宛て字を、鷗外はいかに処置したかと申しますのに、

浴衣
塵芥
寝衣
酷い

の如きものは、

湯帷子
五味
寝間着
非道い

と書きました。このうち「湯帷子」の文字は「ユカタビラ」と読まれることを防ぐために「ゆかた」と振り仮名がしてあったのを覚えておりますが、大体こう云う風に書けば振り仮名の必要は少くなるのでありまして、よし「湯帷子」を「ユカタビラ」と読まれましても、「浴衣」の二字を宛てますよりは筋が通っておりますから、まだしも我慢が出来るのであります。つまり、鷗外の漢字の宛て方は、意味を酌むよりは、**その言葉の由来に溯って語源の上から正しい文字を宛てる**のであります。この方針に従えば、「心算」は「積り」でなければならず、「急遽に」は「矢庭に」でなければならず、「強要る」は「揺する」でなければなりますまい。また、女の兄弟を意味するのであっても、「キョウダイ」と云う言葉には必ず「兄弟」の文字を宛て、母親と子とを意味するのであっても「オヤコ」と云う言葉には必ず「親子」の文字を宛てる。

それを、強いてその場の意味に囚われて、訓に篏まらぬ漢字を持って来るところから、無理と乱雑とが生じるのである。されば、是非とも女の兄弟であることを示したいなら「女の兄弟」と云うか、「姉妹《しまい》」と云うか、「姉と妹」と云ったらよいし、女親であることを明らかにしたければ、「母子《ぼし》」と云うか「母親と子」と云ったらよい。また「ヌカルミ」「ゾンザイ」「オカシイ」「ウルサイ」の如き適当な宛て字の見出だせないものは、仮名で書くことに極めてしまう。これは私の大掴みな想像でありますが、鷗外の方針と云うものは、まずこのような建て前ではなかったろうかと思うのであります。

私などは、この鷗外の書き方に多大の暗示を受け、及ばずながら自分もそれを学ぶつもりになりまして、しばらく実行していたことがありました。そうして今でも、まだ大部分その影響を蒙っていることは確かでありますが、いろ／＼な場合に判断に迷うことが多く、追い／＼気紛れな状態に逆戻りしつゝあるのであります。が、これは必ずしも自分の無学と横着のせいであるとも、申せないようであります。実例を挙げて一々理由を述べますのもあまりくだ／＼しくなりますから、簡単に申してしまいますが、要するに、宛て字や仮名使いの難関は、どう云う方法によりましても、問題として残るのでありまして、鷗外流の書き方を徹底させれば、「単衣《ひとえ》」は「一と重」、「袷《あわせ》」は「合わせ」、「家《うち》」は「内」になってしまい、どうもそこまでは実行しかねる。大体訓と云うものが、初めを考えればやはり漢字の意味を取って、その意味に当て篏まる日本の言葉を持って来たのでありますから、今日「卓子」を「テーブル」と読ませ、「乗合自動車」を「バス」と読ませるのと、事情に大した変りはない。そうだとすれば、「家」と云う字を「イエ」とより外読んではならないと云う理窟はなく、新しい訓も訓でないとは云えない。「単衣《ひとえ》」「浴衣《ゆかた》」等も、それ〳〵そう云う二字の漢字に与えられた訓であると認められる。この考えを押し詰めて行きますと、何も極まった訓などと云うものはありはしない、間違ってさえいなければどんな読み方をしてもよい、と、最後にはそうなる。また、「食い物」「出入り」「請け負い」の類の送り仮名の可否、程度、紛らわしさ、煩わしさ等の問題は、鷗外に依っても解決されておりませんし、それを解決しましたところで、たとえば「寝台」などと云う字面は、「シンダイ」と「ネダイ」と二た通りに読まれることは已むを得ない。で、結局**日本の文章は、読み方がまち〳〵になることをいかにしても防ぎ切れない**、のであります。ですから私は、読み方のために文字を合理的に使おうとする企図をあきらめてしまい、近頃は全然別な方面から一つの主義を仮設しております。と云うのは、それらを**文章の視覚的並びに音楽的効果としてのみ取り扱う**。云い換えれば、**宛て字や仮名使いを偏えに語調の方から見、**また、**字形の美感の方から見て、それらを内容の持つ感情と調和させるようにのみ使う**、のであります。

まず視覚的効果の方から申しますならば、「アサガオ」の宛て字は「朝顔」と「牽牛花」と二た通りありますが、日本風の柔かい感じを現わしたい時は「朝顔」と書き、支那風の固い感じを現わしたい時は「牽牛花」と書く。「タナバタ」の宛て字は普通「七夕」か「棚機」でありますが、内容が支那の物語であったら、「乞巧奠」の文字を宛てても差支えない。「ランボウ」「ジョサイナイ」の宛て字は、今では「乱暴」「如才ない」と書きますけれども、戦国時代には「濫妨」「如在ない」と書きましたから、歴史小説の時には後者に従う。仮名使いも同様の方針に基づいて、分り易いことを主眼にしたものは送り仮名を丁寧にし、特殊の情調を重んずるものは、それと背馳しないように適当に取捨する。故に或る時は「振舞」になり、或る時は「振る舞い」になる。たとえば志賀氏の「城の崎にて」の文章では「其処で」「丁度」「或朝の事」「仕舞つた」等の宛て字を用いてありますが、字面をなだらかに、仮名書きのような感じを出したい時は、「そこで」「ちょうど」「或る朝のこと」「しまった」と書くことを妨げません。

かつて私は「盲目物語」と云う小説を書きました時、なるべく漢字を使わないようにしまして、大部分を平仮名で綴ったのでありますが、これは戦国時代の盲目の按摩が年老いてから自分の過去を物語る体裁になっておりますので、上に述べましたような視覚的効果を狙いましたのと、なおもう一つは、全体の文章のテンポを緩くする目的、即ち音楽的効果をも考えたのでありました。つまり、老人がおぼろげな記憶を辿りながら、皺嗄れた、聞き取りにくい声で、ぽつり〳〵語るのでありますから、そのたど〳〵しい語調を読者に伝えますために、仮名を多くして、いくらか読みづらいようにしたのでありました。また私は、「感ずる」「感じる」「感じない」「感ぜない」等の区別も、その時々の語呂のよい方に従っております。ですから、一つの文章の中でも、必ずしも統一されていないのであります。

以上の方針に従いますと、振り仮名の問題も自然に解決されるのでありまして、時には総ルビもパラルビも差支えない。けれども、それはその文章の内容と調和するか否かに依って定めますので、読者に対する親切は、勘定に入れないのであります。読者が正しく読んでくれるかどうかは、気にし出したら際限がないのでありますから、これは読者の文学的常識と感覚とに一任する。それだけの常識と感覚のない読者は、どちらにしても内容を理解する力がないものであると、そう見なすのであります。このやり方は、方針と云えば云うものの、実際にはその場〳〵の気紛れになってしまいますから、畢竟無方針に等しい。しかし、翻って考えますのに、**鷗外の文字使いの正確さも、あの森厳で端正な学者肌の文章の視覚的効果なのであって、**もし内容が熱情的なものであったら、あゝ云う透徹した使い方は或は妨げをしたかも知れない。そう云えば、**漱石**の「我輩は猫である」の文字使いは一種独特でありまして、「ゾンザイ」を「存在」、「ヤカマシイ」を「矢釜しい」などと書き、中にはちょっと判読に苦しむ奇妙な宛て字もありますが、それらにもルビが施してない。その無頓着で出鱈目なことは鷗外と好き対照をなすのでありますが、それがあの飄逸な内容にしっくり当て篏まって、俳味と禅味とを補っていたことを、今に覚えているのであります。詮ずるところ、文字使いの問題につきましては、私は全然懐疑的でありまして、皆さんにどうせよこうせよと申し上げる資格はない。鷗外流、漱石流、無方針の方針流、その孰れを取られましても皆さんの御自由でありますが、たゞ、いかに面倒なものであるかと云う事情を述べて、御注意を促すのであります。

なおまた、大阪毎日新聞社では、自分の社の新聞に用いる宛て字や仮名使いの法則を定め、**スタイル・ブック**と題する小冊子を編んで、社員や関係者に配ったことがありましたが、あれはなか〳〵実際的で、穏当な意見であったと思いますから、あれを入手される御便宜がありましたら、御参考までに御覧になることをおすゝめいたします。

ハ　活字の形態の問題

我が国で一般に用いられている**活字の大きさ**が小型に過ぎることは、前に申し上げた通りであります。私などは老眼のせいでもありましょうが、五号活字や九ポイントでありますと、老眼鏡を使いましても濁音符と半濁音符との見分けがつきません。片仮名で刷った西洋の地名や人名など、音符の部分が真黒に潰れておりますから、「ナポリ」であるか「ナボリ」であるか、「プルーデル」であるか「ブルーデル」であるか、虫眼鏡で見ても分りはしません。ですから、せめて単行本には今少し四号活字を流行させたらば如何であろうか。欧米の文字は小型でも差支えないに拘らず、四号に該当する大きな活字で刷った書籍が相当に沢山出ておりますのに、却って日本に少いのはどう云うわけか。四号にすれば振り仮名の活字も従って大きくなりますから、総ルビにしてもそんなに読みづらくはないのであります。

それから、**活字の形態**も、現在では明朝とゴシックとの二種類でありますが、西洋にはゴシックの外にイタリックがあり、独逸《ドイツ》文字などを入れますと、四種類になります。これも分らない話でありまして、我が国の如く美術的な文字を有し、楷、行、草、隷、篆、変態仮名、片仮名等、各種の字体を有する国が、それらの変化を視覚的要素に利用しないのは、間違っております。私の知っている限り、片仮名は佐藤春夫氏の「陳述」と申す小説に用いられたことがありましたが、それ以後はあまり見受けません。また、変態仮名の活字は或る時代には用いられていたこともあり、隷書行書等は、今も名刺の印刷などに使われているのでありますから、もっと応用の範囲を拡めるのがよいと思います。

二　句読点

われ〳〵の口語文に使われております句読点は、センテンスの終止を示す。と、句切りを示す、と、単語を区分けする・と、引用符の「　」或は『　』と、西洋から輸入された疑問符？　と、感嘆符！　と、ダッシュ、即ち――と、点線、即ち……と、まず八種類でありまして、引用符は「の代りに西洋の〝などをそのまゝ用いる人もありますが、それらはまだそう普及されておりません。けれども、私は日本の文章には西洋流のセンテンスの構成を必要としない建て前でありますから、そう云う方面から句読点を使い分けようとは致しません。。が終止の印、、が区切りの印だと云いますけれども、たとえば第百二十九頁の源氏物語の訳文を御覧なさい。あゝ云う場合に、あれを三つのセンテンスと認めれば、「面白くない」で。、「お迷いになる」で。、「ことばかりである」で。でありますが、あれを一つのセンテンスと認めれば、最後の「ことばかりである」の所へだけ。を打ってもよいし、まだ彼処でも完成していないと認めれば、全部を区切りの印、、にしてしまうのもよい。却ってその方が餘情があると云う見方もあります。現に、今私は「、にしてしまうのもよい。却ってその方が」と書きましたけれども、「あれを一つのセンテンスと認めれば」の句が「餘情がある」にまで懸っていると解釈しましたら、この「しまうのもよい」の下の。を、にしても差支えない。また、「見方もあります」がその五行前の「印だと云いますけれども」を受けているものと解釈しましたら、「御覧なさい」の下の。までも、にすることが出来ましょう。ですから、**句読点と云うものも宛て字や仮名使いと同じく、到底合理的には扱い切れない**のであります。

そこで私は、これらを感覚的効果として取り扱い、読者が読み下す時に、調子の上から、そこで一と息入れて貰いたい場所に打つことにしておりますが、その息の入れ方の短かい時に、、やゝ長い時に。を使います。この使い方は、実際にはセンテンスの構成と一致することが多いようでありますが、必ずしもそうとは限りません。私の「春琴抄」と云う小説の文章は、徹底的にこの方針を押し進めた一つの試みでありまして、たとえばこんな風であります。

女で盲目で独身であれば贅沢と云っても限度があり美衣美食を恣にしてもたかが知れているしかし春琴の家には主一人に奉公人が五六人も使われている月々の生活費も生やさしい額ではなかった何故そんなに金や人手がかゝったと云うとその第一の原因は小鳥道楽にあった就中彼女は鶯を愛した。今日啼きごえの優れた鶯は一羽一万圓もするのがある往時といえども事情は同じだったであろう。もっとも今日と昔とでは啼きごえの聴き分け方や翫賞法が幾分異なるらしいけれどもまず今日の例を以て話せばケッキョ、ケッキョ、〳〵〳〵と啼くいわゆる谷渡りの声ホーキーベカコンと啼くいわゆる高音《こうね》、ホーホケキョウの地声の外にこの二種類の啼き方をするのが値打ちなのであるこれは藪鶯では啼かないたま〳〵啼いてもホーキーベカコンと啼かずにホーキーベチャと啼くから汚い、ベカコンと、コンと云う金属性の美しい餘韻を曳くようにするには或る人為的な手段を以て養成するそれは藪鶯の雛を、まだ尾の生えぬ時に生け捕って来て別な師匠の鶯に附けて稽古させるのである尾が生えてからだと親の藪鶯の汚い声を覚えてしまうのでもはや矯正することが出来ない。

ところで、この打ち方をセンテンスの構成と一致するように打ち変えますと、次のようになります。

女で盲目で独身であれば、贅沢と云っても限度があり、美衣美食を恣にしてもたかが知れている。しかし春琴の家には主一人に奉公人が五六人も使われている。月々の生活費も生やさしい額ではなかった。何故そんなに金や人手がかゝったと云うと、その第一の原因は小鳥道楽にあった。就中彼女は鶯を愛した。今日啼きごえの優れた鶯は一羽一万圓もするのがある。往時といえども事情は同じだったであろう。もっとも今日と昔とでは、啼きごえの聴き分け方や、翫賞法が幾分異なるらしいけれども、まず今日の例を以て話せば、ケッキョ、ケッキョ、〳〵と啼くいわゆる谷渡りの声、ホーキーベカコンと啼くいわゆる高音《こうね》、ホーホケキョウの地声の外に、この二種類の啼き方をするのが値打ちなのである。これは藪鶯では啼かない。たま〳〵啼いてもホーキーベカコンと啼かずに、ホーキーベチャと啼くから汚い。ベカコンと、コンと云う金属性の美しい餘韻を曳くようにするには、或る人為的な手段を以て養成する。それは藪鶯の雛を、まだ尾の生えぬ時に生け捕って来て、別な師匠の鶯に附けて稽古させるのである。尾が生えてからだと、親の藪鶯の汚い声を覚えてしまうので、もはや矯正することが出来ない。

この二つを読み比べて御覧になればお分りになるでありましょうが、私の点の打ち方は、一、センテンスの切れ目をぼかす目的、二、文章の息を長くする目的、三、薄墨ですら〳〵と書き流したような、淡い、弱々しい心持を出す目的等を、主眼にしたのでありました。

疑問符や**感嘆符**なども、西洋では疑問や感嘆のセンテンスには必ず打つことになっておりますが、日本では気分本位で、決して規則的には行われておりません。さればこれらの符号や点線やダッシュ等を、時に応じて抑揚或は間《ま》の印に用いることは差支えありませんけれども、日本文の字面にはダッシュが一番映りがよく、感嘆符や疑問符は、やゝともすると映りの悪いことがあります。近頃支那でもこれを使うことが流行りまして、古典の詩文にまで、

白髪三千丈　縁レ愁《ウレヒニヨツテ》似レ箇《カクノゴトク》長《シ》！
不レ知明鏡《ノ》裏《ウチ》　何《レノ》処《ニカ》得《タル》二秋霜《ヲ》一？

と云った風に施してあるのを見かけますが、漢文の字面でありますと、その不調和な

ことが一層よく分ります。全体われ〴〵は声を挙げて叫んだり、押し附けがましい調子で物を尋ねたりするのを、品のよいことと思わない国民でありますから、こう云う符号はなるべく控え目にすべきでありましょう。

たゞし疑問符につきまして例外がありますのは、会話体における「君は知らない？」とか「知っている？」とか云う如き、否定形乃至肯定形と同一の形を取った質問のセンテンスであります。また肯定の「え」もしくは「えゝ」と、物を聞き返す時の「え？」もしくは「えゝ？」もあります。これらは孰れも、実際の会話ではアクセントを以て区別しますから差支えありませんが、文字に書きますと、そのアクセントが分らなくなる。依ってこう云う場合には、唯今書き分けましたように「？」を加えて質問の意を明らかにする方がよいかも知れない。少くともその方が読者に対して親切であります。

それから**引用符**でありますが、近時用いられる西洋流のクォーテーション・マーク、即ち〃は、横書きにする欧文には適しますけれども、縦書きにする日本文の字面に調和しないことは申すまでもありませんから、用いるとすればやはり在来の二重カギ、即ち『　』か、一重カギ「　」で囲うのがよいでありましょう。ところで『　』と

「 」とは全く同一の用途に使われ、たゞ各人の使い癖に任してありますが、折角二た通りあるのですから、その使い分けについて一定の規則を設け、たとえば「 」を英語の第一クォーテーション・マーク、『 』を第二クォーテーション・マークに宛てる、と云うようにしたらばどうであろうか。私自身は夙にさようにしておりますので、御参考までに申しておきます。

しかしながら、返す〴〵も日本語の文章は不規則なところに味わいが存するのでありまして、句切りやその他の符号などもあまりはっきりしない方が面白いのでありますから、唯今述べました疑問符や引用符の規則なども、是非その通りになさいと申すのではありません。早い話が「知らない？」と云う場合に？を附けないからと云って、それが否定を意味するか質問を意味するかは、前後の事情で分るのでありますから、そこは読者の判断に任せて、そう親切にし過ぎない方がよいとも云える。引用符にしましても同様でありまして、今日われ〳〵が小説の会話に使っている「 」や『 』などは、実を云うとさほど必要がないのであります。なぜかと申しますと、あれは元来地の文と会話とを、また一人の会話と他の一人の会話とを、区別するためのものでありますが、大概現代の作品では、会話の部分を話し手が変るごとに一つ〳〵行《ぎょう》を改めて書いております。その上多くの場合地の文体は講義体であって、会話とは自ら違っております。また、一つの会話から他の会話へ移る時でも、話し手に依って少しずつ言葉使いが違う。男と女とで違うことは第百五十七頁に述べた通りでありますが、その外にも礼儀を尊ぶ日本語においては、話し手の年齢、身分、職業に応じ、話す相手の人柄に応じて、たとえば甲は乙を呼ぶのに「お前」と云い、乙は甲を呼ぶのに「あなた」と云うとか、一人が「ございます」を使えば一人は「です」もしくは「だ」を使うとか云う風に、代名詞や動詞助動詞の用い方に差別がある。なおこのことは次の「品格について」の項を読んで下されば分りますが、要するに、そう云う次第でありますから、カギを使わないでも、地の文と会話とを混同したり、一人の言葉と他の一人の言葉との見分けが付かないようなことは、まずありません。さればこれらの符号の付け方も、規則で縛ってしまわずに、その文章の性質に依り、字面の調和不調和をも考え合わせて、適当に塩梅した方がよいかと思います。

○ 品格について

品格と申しますのは、云い換えれば**礼儀作法**のことでありまして、仮りに皆さんが大勢の人々の前に出て挨拶をされ、または演説をされる時には、それ相当の身だしなみを整え、言語動作を慎しまれるでありましょう。それと同様に、文章は公衆に向って話しかけるものでありますから、一定の品位を保ち、礼儀を守るべきであることは、申すまでもありません。

然らば、文章の上で礼儀を保つにはいかにしたらよいかと云いますと、

一 饒舌を慎しむこと

二 言葉使いを粗略にせぬこと

三 敬語や尊称を疎《おろそ》かにせぬこと

等であります。

もっとも、品位や礼儀と申すものは、もと〳〵精神の発露でありまして、いかに外形を整えましたところが、精神が缺けておりましたなら何にもならないのみならず、却

って偽善的な、いやらしい感じを与えるに過ぎません。たとえば人格の卑しい人間が口先だけで高尚がったことを申したり、お辞儀や立居振舞だけをしとやかにしたり致しましても、決して上品に見えないばかりか、そのためになお卑しさが眼立つようになる。ですから右に述べましたような条件は枝葉末節でありまして、**品格ある文章を作りますにはまず何よりもそれにふさわしい精神を涵養することが第一**でありますが、その精神とは何かと申しますと、**優雅の心を体得すること**に帰着するのであります。

前に私は、第五十五頁より五十八頁にわたって国語と国民性との関係を述べました時に、われ／＼の国民性はおしゃべりでないこと、われ／＼は物事を内輪《うちわ》に見積り、十のものなら七か八しかないように自分も思い、人にも見せかける癖があること、そうしてそれは東洋人特有の内気な性質に由来するものであり、それをわれ／＼は謙譲の美徳に数えていると云うことを申しました。つきましては、こゝで皆さんがもう一度あの言葉を思い出して頂きたいのでありますが、私の云う**優雅の精神とは**、**このわれ／＼の内気な性質、東洋人の謙譲の徳と云うものと**、**何かしら深い繋がりがあるところのもの**を指すのであります。と云う意味は、西洋にも謙譲と云う道徳がないことはありますまいが、彼等は自己の尊厳を主張し、他を押し除けても己れの存在や特色を明らかにしようとする気風がある、従って運命に対し、自然や歴史の法則に対し、また、帝王とか、偉人とか、年長者とか、尊属とか云うものに対しても、われ〳〵のようには謙譲でなく、度を超えることを卑屈と考える、そこで、自己の思想や感情や観察等を述べるにあたっても、内にあるものを悉く外へさらけ出して己れの優越を示そうとし、そのために千言万語を費してなお足らないのを憂えるが如くでありますが、東洋人、日本人や支那人は昔からその反対でありました。われ〳〵は運命に反抗しようとせず、それに順応するところに楽しみを求めた。自然に対しても柔順であるのみならず、それを友として愛着した。従って物質に対しても彼等のようには執着しなかった。またわれ〳〵は己れの分に安んじ、年齢の点で、智能の点で、社会的地位や閲歴の点で、少しでも自分に優っている人を敬慕した。そう云う風であるからして、なるべく古い習慣や伝統に則《のっと》り、古の聖賢や哲人の意見を規範とした。そうしてたま〳〵独得の考えを吐露する必要のある時でも、それを自分の考えとして発表せずに、古人の言に仮託するとか、先例や典拠を引用するとかして、出来るだけ「己れ」を出し過ぎないように、「自分」と云うものを昔の偉い人たちの蔭に隠すようにした。ですからわれ〳〵は口で話す時も文章に綴る時も、自分の思うことや見たことを洗い渫《ざら》い云ってしまおうとせず、そこを幾分か曖昧に、わざと云い残すようにしましたので、われ〳〵の言語や文章も、その習性に適するように発達した。で、優雅と申しますのは、このわれ〳〵の、己れを空しうして天を敬い、自然を敬い、人を敬う謙遜な態度、それから発して己れの意志を述べることを控え目にする心持の現われでありまして、品格と云い、礼儀と云いますのも、結局はこの優雅の徳の一面に外ならないのであります。

然るに現代のわれ〳〵は、祖先以来伝わって来たそう云う謙譲の精神や礼儀深い心構えを、次第に失いつゝあります。それは西洋流の思想や物の考え方が輸入され、われ〳〵の道徳観が一大変化を来たしたためでありまして、勿論それも、一概に悪いことだとは申せません。もしわれわれがいつまでも昔のような引っ込み思案でいましたならば、今日の時勢に取り残され、科学文明の世界において敗者となってしまうことは明らかでありますから、それを思えば、大いに進取活潑な西洋人の気象を学ぶべきでありります。が、前にも申しましたように、われ〳〵の国民性とか言語の性質とか云うものは、長い歴史を有するものでありますから、なか〳〵一朝一夕を以て改良することはむずかしい、況んやそれを根こそぎ変えてしまうことなどは、到底不可能事でありまして、さような無理な企ては悪い結果を招くのみであります。それにまた、われ／＼の流儀にも自《おのずか》ら長所があり美点があることを忘れてはなりません。内輪とか控え目とか、謙遜とか云いますと、何か卑屈な、退嬰的な、弱々しい態度のように取られますけれども、西洋人は知らず、われ／＼の場合は、内輪な性格に真の勇気や、才能や、智慧や、胆力が宿るのである。つまりわれ／＼は、内に溢れるものがあればあるほど、却ってそれを引き締めるようにする。控え目と云うのは、内部が充実し、緊張しきった美しさなので、強い人ほどそう云う外貌を持つのである。さればわれ／＼の間では、弁舌や討論の技に長じた者に偉い人間は少いのでありまして、政治家でも、学者でも、軍人でも、藝術家でも、ほんとうの実力を備えた人は大概寡言沈黙で、己れの材幹を常に奥深く隠しており、いよ／＼と云う時が来なければ妄りに外に現わさない。もし不幸にして時に会わず、人に知られず、世に埋れて一生を終るようなことがあっても、別段不平を云うのでもなく、或はその方が気楽でよいと思ったりする。このわれ／＼の国民性は、昔も今も変りはないのでありまして、現代でも、平素は西洋流の思想や文化が支配しているように見えますが、危急存亡の際にあたって、国家の運命を双肩に荷って立つ人々は、やはり古い東洋型の偉人に多いのであります。で、われ〳〵は西洋人の長所を取って自分たちの短を補うことは結構でありますけれども、同時に父祖伝来の美徳、「良賈は深く蔵する」と云う奥床しい心根を捨ててはならないのであります。

話が大変横道へ外れたようでありますが、文章の品格につきましてその精神的要素を説きますのには、こゝまで溯って論じなければならないのであります。ところで、こゝで皆さんの御注意を喚起したいのは、**われ〳〵の国語には一つの見逃すことの出来ない特色があります。**それは何かと申しますと、日本語は言葉の数が少く、語彙が貧弱であると云う欠点を有するにも拘らず、**己れを卑下し、人を敬う云い方だけは、実に驚くほど種類が豊富でありまして、どこの国の国語に比べましても、遥かに複雑な発達を遂げております。**たとえば一人称代名詞に、「わたし」「わたくし」「私儀」「私共」「手前共」「僕」「小生」「迂生」「本官」「本職」「不肖」などと云う云い方があり、二人称に「あなた」「あなた様」「あなた様方」「あなた方」「君」「おぬし」「御身」「貴下」「貴殿」「貴兄」「大兄」「足下」「尊台」などと云う云い方がありますのは、総べて自分と相手方との身分の相違、釣合を考え、その時々の場所柄に応ずる区別でありまして、名詞動詞助動詞等にも、かくの如きものが沢山ある。前に挙げました講義体、兵語体、口上体、会話体等の文体の相違も、やはりそう云う心づかいから起ったことでありまして、「である」と云うことを云いますのに、時に依り相手に依って「です」と云ったり、「であります」と云ったり、「でございます」、「でござります」と云ったりする。「する」と云うのにも「なさる」「される」「せられる」「遊ばす」等の云い方がある。「はい」と云う簡単な返辞一つですら、目上の人に対しては「へい」と云う。またわれ〳〵は、「行幸」「行啓」「天覧」「台覧」などと云う風に、上御一人を始め奉り高貴の御方々の御身分に応じて使うところの、特別な名詞動詞等を持っている。こう云うことは、外国語にも全然例がないのではありませんけれども、われ〳〵の国語の如く、いろ〳〵の品詞にわたった幾通りもの差別を設け、多種多様な云い方を工夫してあるものは、どこにもないでありましょう。今日でさえそうでありますから、昔は一層それらの差別がやかましかった。南北朝や、足利時代や、戦国時代などの如く、国中の綱紀が乱れ秩序が失われて、強い者勝ちの天下であった時節においても、百姓は武士に対し、武士は大名に対し、大名は公卿や将軍に対し、それ〴〵適宜な敬語を用うることを怠らず、仮りにも粗暴な言葉使いをしていなかったことは、あの時代の軍記物語や文書等を見ましても明らかでありまして、いかに猛々しい武士といえども、そう云う作法を知らぬことを恥辱と心得ていたのであります。これらの事情を考えますと、**われ〳〵日本人ほど礼節を重んずる国民はなく、**従ってまた、**国語もその国民性を反映し、それにしっかり結び着いて来ている**ことが、分るのであります。

さて、これから少しく項目について説明を加えますが、その第一は

一　饒舌を慎しむこと

であります。

これは、前に申しました「物事を控え目にする」「内輪にする」と云うのと同じでありますが、もっと詳しく申しますと、

イ　あまりはっきりさせようとせぬこと

及び

ロ　意味のつながりに間隙を置くこと

であります。

イ　あまりはっきりさせようとせぬこと

と申しますのは、今日は何事も科学的に、正確に述べることが流行る、文学においても写実主義だの心理描写だのと申しまして、見たことや思ったことを、根掘り葉掘り、精細に、刻明に、事実の通りに写すことが喜ばれる、けれどもこれは、われ〳〵の伝統から云えば上品な趣味ではないのでありまして、多くの場合、描写は或る程度を越えぬ方が、礼節に合するのであります。もっとも、果たして事実の通りを写し出すことが出来るものならば、それも結構でありますけれども、言語や文章はたゞ物事を暗示するだけの働きしかないのでありますから、効果の点から見ましても言葉を節約する方が賢明であることは、既に数回申し上げた通りであります。

一体、**われ〳〵は、生《なま》な現実をそのまゝ語ることを卑しむ風があり、言語とそれが表現する事柄との間に薄紙一と重の隔たりがあるのを、品がよいと感ずる国民**なのであります。ですから昔の人たちは、明白に云えば云えることでも、わざと遠廻しに匂わせるような云い方をしました。そう云う例は古典を読むと幾らでも見出だせるのでありますが、王朝時代の物語などには、時や、所や、主要人物の名前などを、はっきり明示していない場合が珍しくありません。たとえば伊勢物語でありますが、あの中にある挿話は、孰れも「昔男ありけり」と云う文句を以て始まっていて、それらの男の姓名も、身分も、住所も、年齢も記してない。それから、伊勢物語に限らず、婦人の名前などは、たゞ「女」としか書いてないのが多い。源氏物語に出てくる「桐壺」とか「夕顔」とか云うような類も、それらの婦人たちのほんとうの名前ではなく、由緒《ゆかり》のある部屋の名や花の名を以て呼んでいるのでありまして、これは小説でありますからもし実名を附けようと思えば何とでも附けられますけれども、それでは文品が卑しくなり、かつ、たとい物語の上とは云え、その婦人たちの人柄に対して礼を失するからであります。男子の場合でもそうでありまして、在原業平を「在五中将」と云い、菅原道真を「北野」「天神」「菅相丞」などと云い、源義経を「御曹司」「九郎判官」「源廷尉」などと云い、藤原兼実を「月輪関白」と云うと云う工合に、実名をそのまゝ記すことを避けて、その人の官職や、位階や、住んでいた場所や邸宅の名称等を以て間接にほのめかす。そういう風でありますから、感情を述べ、景物を写しますのにも、「薄紙一枚を隔てる」と云う心持が附いて廻っているのでありまして、いかに真実を貴ぶとは云え、あまりあけすけに書くことは、人前で脛や太腿を出すのと同様に感じたのであります。

思うに、我が国の或る時代において、久しい間「口で話される言葉」と「文章に書かれる言葉」とが截然と分れておりましたのは、唯今申す「薄紙一と重を隔てる」心持が働いていたのでありましょう。即ち口語は現実の一種であり、しかもとかく饒舌に陥り易いのでありますから、文章語の品位を保つために、その間に相当の距離を設けたのでありましょう。然るに今日では、この距離が非常に縮められて、両者の間が近くなったのみならず、特に文章語には、西洋流の文法や表現法が応用されつゝありますので、口語以上に細かいことが云えるようになっております。たとえばわれ〳〵は、テンスや格の規則などを、口語では守っておりませんけれども、文章語では守るようにしている。ですから、今日のいわゆる口語文も実際の口語の通りには書かれていない、そうしてその違いはどこにあるかと云えば、**文章語の方は西洋語の翻訳文に似たもの、日本語と西洋語の混血児《あいのこ》のようなものになっており、実際の口語の方は、**これも段々西洋臭くなりつゝありますが、**まだ本来の日本語の特色を多分に帯びている、**と云う点にあると思います。前に私が文法に囚われることを戒め、また口でしゃべる通りに書く会話体の試みを奨めておりますのは、これらの事情を考えるからでありまして、もはや今日では昔の和文や和漢混交文は用を為しませんけれども、しかしそれらの古典文が持っている優雅の精神、おおまかな味わい、床しみのある云い方を、今少し口語文の中へ取り入れるようにして、文章の品位を高めることは、その心がけさえありましたら、決して実行出来ないことではないのであります。

最後に、現実をぼかして書くことと、描写に虚飾を施すこととは、混同され易いと思いますから、これは大いに注意しなければなりません。申すまでもなく、正直と云うこと、素朴と云うことは、文章道においても貴ばれるのでありまして、実際に遠い綺麗な言葉や美しい文字を連ねさえしたら上品であると考えるのは、間違いであります。博学を衒ってむずかしい漢語を使うよりは、飾り気のない俗語を以て現わした方が、品のよい場合がある。それに今日は簡便を主とする時勢でありますから、昔の通りの作法や礼儀を守ったのでは滑稽になります。品と云うものは、匠《たく》まずして自然に現われるべきもので、変に上品振った様子が眼につくようでは、本当でありません。ですから、控え目にすると申しましてもその程あいを知ることが大切なのでありますが、これは到底説明出来ないのでありまして、やはり皆さんが、前に申しました優雅の精神を体得なさるより外に方法はないのであります。

ロ　意味のつながりに間隙を置くこと

これも結局は、表現を内輪にし、物事の輪廓をぼやけさせる一つの手段でありますが、この**間隙と云うことを理解して頂くのには**、既に第五十頁に申し上げた通り、**昔の書簡文、即ち候文の書き方を見て頂くのがよいと思います**ので、左に一例を掲げることに致します。

其の後は打絶御尋も不レ申、平生平塚の二字横二胸間一居候へども打過申候、其由は御《おん》聞《きき》も可レ被レ下《くださるべし》、又々国元へ老母迎に参り花にエイヤット馳着《はせつけ》、淀より直に嵐山へ参未《いまだ》レ見二妻子面一内《さいしのめんをみざるうち》に花のかほを見候、それより御室、平野、知恩院を見了候と直に勢州へ連参り候

把二酒旗亭一別送レ人。禽声春色太平春。携レ妻携レ子同従レ母。非二是流民一是逸民。

などゝ申為体《まをすていたらく》にて此の節帰京、まだ雲霧中に居申候心地にて何方へも御無音仕候、今日は得二来翰并伏水《ふしみ》御到来之塩鴨一、供二老母一候ものに事欠居候て大いに忝く候、留守に丹酒（註、伊丹の酒の義）よくぞや被二仰下一候、此の節も沢山に御座候、御使ひにことづて可レ申存候へども御病気に御忌物かと存候て差控候、何時にても取《とり》に被レ遣候はゞ御器《おんうつはも》為レ持《たせ》可レ被レ下、此方器なれば御返しの心配あり、何分御保養、早く拝面と申留候、今日も御影へ供仕り候にて取紛、早々不尽。

この書簡は頼山陽が平塚と云う友人に送ったものでありまして、或る日平塚からの使いが手紙と塩鴨とを届けて来た時に、この返書を認めて、多分その使いに托したので

あるらしいことが、文面に依って察せられます。山陽は当時の文人中でも書簡文の妙手であると云う評判が高いのでありまして、そのことはこの一文を見ても頷かれるのでありますが、こう云う文章の巧味《うまみ》はどこにあるかと申しますと、主として、唯今申し上げた間隙、即ち意味のつながり工合が欠けている部分がある、云い換えれば、行文のところ〴〵にわざと穴が開けてある、その穴に存するのであります。ついては、もう一度今の文章を掲げてその穴のある所を説明致しますが、括弧で包んである文句が原文にない部分で、試みに私が補った穴であります。

其の後は打絶御尋も不㆑申、平生平塚の二字横㆓胸間㆒居候へども打過申候、（しかしまあ〳〵）其由は御聞も可㆑被㆑下、（実はこの間じゅう）又々国元へ老母（を）迎に（行って帰って）参り花に（間に合うように）エイヤット馳着、淀より直に嵐山へ参未㆑見㆓妻子面㆒内に花のかほを見候（て）それより御室、平野、知恩院を見了候と直に勢州へ連参り候、（それはまことに）

把㆓酒旗亭㆒別送㆑人。禽声春色太平春。携㆑妻携㆑子同従㆑母。非㆓是流民㆒是逸民。

など〻申為体にて此の節帰京（致しましたが）まだ雲霧中に居申候心地にて何方へも御無音仕候（と云うような次第なのであります。然るに）今日は得㆓来翰併伏水（より）御到来之塩鴨㆒（ましたが、ちょうど）供㆓老母㆒候ものに事欠居候て大いに忝く候、

（なおまた先達ては私の）留守に丹酒（を取りにおよこしなされました由ですが）よくぞや被二仰下一候、（その丹酒なら）此の節も沢山に御座候（については）御使ひにことづて（お届け）可レ申存候へども御病気に御忌物かと存候て差控候、（しかし）何時にても取に被レ遣候はゞ（差上げますが、その節はお使いに）御器為レ持可レ被レ下、此方器なれば御返しの心配あり（お手数と存じます）何分御保養（遊ばされ）、早く拝面（致度）と（存じますが、これにて）申留候、今日も御影へ供仕り候にて取紛（れておりますので、失礼いたします）早々不尽

なおもう一つ山陽の短かい書簡を挙げてみます。

御遠々《おんとほ〳〵》しく御座候、春寒頗《すこぶる》 退《しりぞき》候、如何御暮し被レ成候や
六書通（註、篆刻家の用うる辞書）又々少し拝借仕度、印の興（註、篆刻の興味）動き
申候
いつぞやの研《すゞり》、愛玩仕候、又あれほどのものならずとも、至つて小く、かさはあの位の
物ほしく候、御存《ごぞんじ》か、小き革箱有レ之、其中に入れ組み研箱に仕度候、法帖硯は入り不レ
申候、御心懸置き可レ被レ下候
水精《すゐしやう》も、日々瓶梅下に置き相楽み候

これは前のものよりも一層大胆に穴が開けてありますが、それらを補うと左の通りに

なります。

（この程は）御遠々しく御座候、春寒頗退候（ところ、足下には）如何御暮し被ㇾ成候や

六書通又々少し拝借仕度、（と申すのは）印の興動き申（候ために御座）候

いつぞやの研、愛玩仕候、又あれほど（立派）のものならずとも、至って小く、かさはあの位の物ほしく候、（足下は）御存か（と思いますが、小生の手許に）小き革箱有ㇾ之（候間）其中に入れ組み研箱に仕度（故に）候、法帖硯は入り不ㇾ申候（えども、小さい研がありましたら）御心懸置き可ㇾ被ㇾ下候

水精も、日々瓶梅下に置き相楽み候

以上二つの引例をよく〳〵玩味されましたならば、私の云う間隙の意味、またそれがいかに文章の品位や餘情を助けているかと云うことが、お分りになるはずであります。

書簡文は、個人と個人との間に取り交《かわ》されるものでありますから、お互いに分りきっていることは一々断るまでもなく、従って省略の餘地が多いわけでありますが、大勢の読者を相手にする文章におきましても、古典文には一般にはこう云う間隙が沢山見

出だされているのであります。たとえば前に挙げました秋成や西鶴の文章を調べて御覧なさい、きっと今の山陽の書簡文におけるような穴が、実に無数にあることに心付かれるでありましょう。

現代の口語文が古典文に比べて品位に乏しく、優雅な味わいに欠けている重大な理由の一つは、この「間隙を置く」、「穴を開ける」と云うことを、当世の人たちがあえて為し得ないせいであります。彼等は文法的の構造や論理の整頓と云うことに囚われ、叙述を理詰めに運ぼうとする結果、句と句との間、センテンスとセンテンスとの間が意味の上で繋がっていないと承知が出来ない。即ち私が今括弧に入れて補ったように、あゝ云う穴を全部塡《うず》めてしまわないと不安を覚える。ですから、「しかし」とか、「けれども」とか、「だが」とか、「そうして」とか、「にも拘らず」とか、「そのために」とか、「そう云うわけで」とか云うような無駄な穴塡めの言葉が多くなり、それだけ重厚味が減殺されるのであります。

一体、**現代の文章の書き方は、あまり読者に親切過ぎるようであります。**実はもう少し不親切に書いて、あとを読者の理解力に一任した方が効果があるのでありますが、言語の節約につきましては後段「含蓄について」の項で再説するつもりでありますから、こゝではこの程度に止めておきます。

二　言葉使いを粗略にせぬこと

礼儀を保ちますのには、「饒舌を慎しむこと」が肝腎でありますが、そうかと云って、無闇に言葉を略しさえすればよいと申すのではありません。略した方が礼節にかなうこともあり、略したら却って礼節に外れることもありますので、それらの区別を弁《わきま》えなければなりません。要は、略すべき場合は別として、**いやしくも或る言葉を使う以上は、それを丁寧な、正式な形で使うべきであります。**前に用語の項において、略語や略字を使うことを慎しむように申しましたのは、この意味においてでありますが、その外にも、近頃の若い人たちは、平素自分たちがしゃべっている**ぞんざいな発音**をそのまゝ文字に移すことが珍しくありません。今心づいた二三の例を挙げますなら、

してた　（していた）
てなこと　（と云うようなこと）
詰まんない　（詰まらない）
あるもんか　（あるものか）

もんだ　　　（ものだ）
そいから　　（それから）

の類でありまして、これらは孰れも、括弧の中に書いてあるのが正しいのであります。もっとも小説家が会話の実際を写すために、作品中の人物にしゃべらせる場合は別でありますが、そう云うことから始まって、会話でない地の文にもかくの如き訛りを用いることが流行り出して来ましたのは、甚だ慨かわしい次第であります。
全体、口でしゃべる場合でも、訛りを多く用いることは感心出来ないのであります。今日では東京の言葉が標準語とされておりますが、**真に嗜《たしな》みのある東京人は、日常の会話でも、割合正確に、明瞭に物を云います。**たとえば昨今テニヲハを略すことが流行りまして、

僕そんなこと知らない。

とか、

君あの本読んだことある？

とか云う風な云い方をする青年男女を見かけますが、東京人は江戸っ児の昔から、テニヲハを略すことはあまりしないのでありまして、下町の町人や職人などがぞんざい

な物云いをする時でさえ、「おらあ」（己は）とか、「わッしゃあ」（わッしは）とか、「なにょー」（何を）とか云う風に、ちゃんと口の内でテニヲハを云っている。今挙げた二つの書生言葉を東京の職人言葉に直しますと、

　己あそんなこたあ知らねえ。

　お前《めえ》はあの本を読んだことがあるけえ。

となるのでありまして、かくの如く、たとい発音は訛りましても、テニヲハは脱かさないのであります。たゞし、「お前《めえ》」の後に来る「は」を略すことはないでもありませんが、「己あ」（己は）及び「こたあ」（ことは）の「は」、「あの本を」の「を」、「読んだことが」の「が」を略すことは絶対にありません。もし略したら子供の片言《かたこと》だと思われます。私は父祖の代から東京生れでありますから、この事実に間違いのないことを保証致しますが、それにつけても、現代のいわゆるモダーン・ボーイやモダーン・ガールたちの言葉使いは、ぞんざいな点で職人にも劣ると云わなければなりません。しかもそう云う言葉使いをするのは、純粋の東京人よりも、都会人の真似をしたがる田舎出の青年に多いようでありまして、とにかく私には、あれが気の利いた感じを起させるどころか、むしろ非常に田舎臭く響くのであります。

写実を貴ぶ小説家が青年男女の会話の実際を写す場合には、趣味の高下を論じてはいられませんけれども、しかし往々小説家の方が実際よりも先走りをしますので、小説中の会話が手本となって、その云い方が逆に世間に流行すると云うことも、起るのであります。で、それらの影響を考えますと、**小説家が会話を写す時といえども、それ相当に「薄紙一と重を隔てる」と云う心づかいがあって宜しい**と思うのであります。

三　敬語や尊称を疎かにせぬこと

敬語につきましては既にこの項の序論において大体申し上げたつもりでありますが、それがわれ〳〵の国語の働きと切っても切れない関係がある理由を、なお云い洩らしておりますので、こゝで、そのことを補足いたします。

まず皆さんは、次に掲げる源氏物語の「空蟬」の巻の冒頭の文句を読んで御覧なさい。

ねられ給はぬまゝに、われはかく人に憎まれてもならはぬを、こよひなんはじめて世を憂しとおもひしりぬれば、はづかしうて、ながらふまじくこそ思ひなりぬれなどのたまへば、涙をさへこぼして伏したり。いとらうたしとおぼす。

源氏の作者は、こう云う風に、一巻の書き出しから主格を略すことが多いのでありますが、こゝでは「ねられ給はぬまゝに、」から「涙をさへこぼして伏したり。」までが一つのセンテンス、「いとらうたしとおぼす。」がまた別のセンテンスでありまして、前のセンテンスには隠されている主格が二つあります。即ち「ねられ給はぬまゝに、――ながらふまじくこそ思ひなりぬれなどのたま」う者は源氏の君でありまして、「涙をさへこぼして伏した」者は従者の小君なのであります。それから次の「いとらうたしとおぼす」者は、再び源氏になっております。が、何でそう云う区別がつくか、一つが源氏の動作であり、一つが従者の動作であることが、どこで分るかと申しますと、敬語の動詞もしくは助動詞の使い方で分るのであります。御覧の通り、源氏の方には「ねられ給はぬ」と云い、「のたまふ」と云い、「おぼす」と云う風に敬語が使ってありますが、従者の方はたゞ「伏す」となっております。

なお、前掲の頼山陽の書簡を見ますと、二通とも、「足下」とか「小生」とか云うような一人称乃至二人称代名詞が一つも使ってありません。それでいて自他の区別が明瞭になっておりますのは、先方のことを云う時は「お聞も被レ下」、「御暮し被レ成」、「被二仰下一」、「被レ遣」、「為レ持被レ下」と云うような敬語を使い、自分のことを云う時は簡単に「候」と云うか、或は一層丁寧に、「申候」、「拝借仕度」、「仕候」と云うように云っているからであります。その他、昔の候文では自分のことは「罷在《まかりあり》」と云い、先方のことは「被《あら》レ為《せら》レ在《れ》」「御入《おんいり》なされ」「御出遊《おいで》ばされ」「御座《ござ》あらせられ」などと云います。かくの如く、他人の動作を敬う意味の動詞助動詞の外に、自分の動作を卑下する意味の動詞助動詞までもあると云うことは、一見甚だ煩わしい差別のようでありますが、実はいろ〳〵な重要ならざる言葉を省き得る便宜があり、引いては文章の構成の上にも非常に重宝な場合があることを、忘れてはなりません。と申しますのは、敬語の動詞や助動詞がある時は、それらを受ける主格は略した方がよい、否、略すための敬語であると考えるのが至当でありまして、礼儀の上から申しましても、尊敬している人の名前や代名詞などは、軽々しく口にすべきではありません。畏れ多いたとえのようでありますが、「行幸」と云い、「行啓」と云うような言葉は、元来主格たるべき御方の御名を口にするのが勿体ないところから起ったものだとも、思えます。そこで、**敬語の動詞助動詞を使いますと主格を略し得られますので、従って混雑を起すことなしに、構造の複雑な長いセンテンスを綴ることが出来るようになります。**

羅典語《ラテン》は主格がなくとも、動詞の変化で分るように出来ている国語だそうでありますが、かく考えて参りますと、**日本語における敬語の動詞助動詞も**幾分かそう云う役を勤めているのでありまして、**単に儀礼を整えるだけの効用をしているのではないのであります。**それにつきましては前段「調子について」の項の「流麗な調子」の中に、源氏物語須磨の巻の一節を二た通りの現代語に訳しておきましたのを、今一度比較対照して下さると一層このことがお分りになるのでありますが、なおまた、唯今の空蝉の巻の一節、山陽の書簡などを見ましても、それらの文章の妙味は敬語の利用と密接に結び着いているのでありまして、敬語を閑却しましては成り立ちません。つまり、**敬語の動詞助動詞は、美しい日本文を組み立てる要素の一つとなっております。**

今日は階級制度が撤廃されつゝありますので、煩瑣な敬語は実用になりませんけれども、それにしましても衣冠束帯が素襖大紋になり、素襖大紋が裃《かみしも》になり、裃が紋附袴やフロックコートになったと云う程度に、儀礼が行われておりますからには、敬語も全然すたれたわけではありません。かつ、それがわれ〳〵の国民性や国語の機能に深い根拠を据えていることを考えますと、将来においてもなか〳〵すたれそうもないのでありまして、現にわれ〳〵は、昔の候文にあるのと似たような動詞助動詞を、日常の口語に使っております。たとえば「云う」ということを、敬って云う時は「おっしゃる」「おっしゃいます」と云い、卑下して云う時は「申す」「申します」と云う。また

「知る」と云うことも、「御存じです」「存じます」と云う風に使い分け、「する」と云うことも、「なさる」「致します」、「与える」と云うことも、「差上げる」「下さる」と使い分ける。その外「せられる」「おられる」「いらっしゃる」「遊ばす」「して頂く」「させて頂く」「して下さる」「させて下さる」等の云い方は普通に使われているのでありますから、それらを文章語にも今少し応用する道はないでありましょうか。実際、**こう云う種類の動詞や助動詞は、われ〳〵の国語が文章の構成上に持っている缺点や短所を、補うところの利器であります。**その利器を捨てて顧みないために、日本語特有の長所や強みを発揮することが出来ないと云うのは、勿体ない話であります。私は今、重複を避けますために動詞や助動詞についてのみ申し上げたのでありますが、勿論あらゆる尊称や、あらゆる品詞の中の敬語につきましても、ほゞ同様のことが云えるのでありまして、たとえば「顔」と云う語の上へ「御」の字を加えて「御顔」とするだけで、「あなたは」とか「あなたの」とか云う語を省くことが出来る場合もある。そう云う風に、敬語は甚だ重宝なものであるに拘らず、また現代でも口語には使われているに拘らず、何故われ〳〵はそれをあまり多く文章に用いないのかと云いますと、叙述に個人的の感情の交ることを嫌うからであります。即ち相対《あいたい》ずくで話すのとは違い、公衆に向って語るのであり、かつ後世にまで残るものであるとすると、たとい尊敬している人のことを書くのでも、科学者のような冷静な態度を取るべきである、と、そう云う信念に基づいているのでありましょう。なるほど、その態度も悪くはありませんけれども、しかし書く物の種類に依っては、もう少し親愛や敬慕の情を交えてもよくはないか、子が親のことや伯父伯母のことや先生のことを記す場合、妻が夫のことを、奉公人が主人のことを記す場合、及びそう云う体裁で書かれる私小説等は申すまでもないとして、この読本の書き方などでも、やはり私は皆さんに対して或る程度の敬語を使っております。ついては、この際特に声を大きくして申し上げたいのは、**せめて女子だけでもそう云う心がけで書いたらどうか**、と云うことであります。男女平等と云うのは、女を男にしてしまう意味でない以上、また日本文には作者の性を区別する方法が備わっている以上、女の書く物には女らしい優しさが欲しいのでありまして、男の子が書くなら「父が云った」「母が云った」でも宜しいが、女の子が書くなら、「お父様がおっしゃいました」「お母様がおっしゃいました」とあった方が、尋常に聞えます。で、そうするのには、女子はなるべく講義体の文体を用いない方がよいのであります。**講義体は、敬語を多く使うのには不適当**でありまして、あれで書くと、どうしても言葉が強くなりますから、他の三つの文体、兵語体か、口上体か、会話体のうちの孰れかを選ぶようにする。私信や日記は素よりでありますが、その他の実用文や、感想文や、進んでは或る種の論文や創作等にも、女らしい書き方を用いる、と云うようにしたら如何でありましょうか。かの源氏物語は一種の写実小説であるにも拘らず、作者は貴人のことを書く時は地の文においても敬語を使っておりまして、必ずしも科学者的な冷静さを保ってはおりませんが、そのために藝術的価値が減じてもいず、さすがに女性の手に成ったらしい優雅な気分が出ております。そうしてまた、あれが当時の「口でしゃべる通りの文体」で書かれていることも、一考を要する所であります。

○ 含蓄について

含蓄と云いますのは、前段「品格」の項において説きました「饒舌を慎しむこと」がそれに当ります。なお云い換えれば、「イ　あまりはっきりさせようとせぬこと」及び「ロ　意味のつながりに間隙を置くこと」が、即ち含蓄になるのであります。たゞその同じことを項を改めて再説いたしますのは、前段においてはそれを儀礼の方から見、こゝでは専ら効果の方から論ずるためでありますが、かく繰り返して述べますのも、それが甚だ大切な要素なるが故でありまして、**この読本は始めから終りまで、ほとんど含蓄の一事を説いているのだと申してもよいのであります。**

さて、最初に一つの例を引いて申し上げますが、数年前に、或る時私は、日本文学を研究している二三の露西亜《ロシア》人と会食したことがありました。その時の席上での話に、近頃露西亜《ロシア》で私の「愛すればこそ」と云う戯曲を翻訳している者があるが、第一に標題の訳し方に困っている、と申すのは、「愛すればこそ」は一体誰が愛するのであろうか、「私」が「愛すればこそ」なのか、「彼女」がなのか、或は「世間一般の人」がなのか、要するに、主格を誰にしてよいかが明瞭でないと云うのでありました。そこで私が答えましたのに、「愛すればこそ」の主格は、この戯曲の筋から云えば「私」とするのが正しいかも知れない、だから佛訳の標題には「私」と云う字が入れてある、しかし本当のことを云うと、「私」と限定してしまっては少しく意味が狭められる、「私」ではあるけれども、同時に「彼女」であってもよいし、「世間一般の人」でも、その他の何人であってもよい、それだけの幅と抽象的な感じとを持たせるために、この句には主格を置かないのである、それが日本文の特長であって、曖昧と云えば曖昧だけれども、具体的である半面に一般性を含み、或る特定な物事に関して云われた言葉がそのまゝ格言や諺のような廣さと重みと深みとを持つ、それゆえ出来るならば露西亜語に訳すのにも主格を入れない方がよい、と、そう申したのでありました。

日本文におけるこう云う特長は、漢文にも見られるのでありまして、漢詩を例に引きますと、もっとこのことがはっきりするのであります。

牀前看㆓月光㆒。疑是地上霜。
挙㆑頭望㆓山月㆒。低㆑頭思㆓故郷㆒。

これは李白の「静夜思」と題する五言絶句でありまして、「牀前月光ヲ看ル、疑フラクハ是レ地上ノ霜カト、頭《かうべ》ヲ挙ゲテ山月ヲ望ミ、頭ヲ低《た》レテ故郷ヲ思フ」と読むのでありますが、この詩には何か永遠な美しさがあります。御覧の通り、述べてある事柄は至って簡単でありまして、「自分の寝台の前に月が照っている、その光が白く冴えて霜のように見える、自分は頭《こうべ》を挙げて山上の月影を望み、頭を低れて遠い故郷《ふるさと》のことを思う」と、云うだけのことに過ぎませんけれども、そうしてこれは、今から千年以上も前の「静夜の思い」でありますけれども、今日われ／＼が読みましても、牀前の月光、霜のような地上の白さ、山の上の高い空に懸った月、その月影の下にうなだれて思いを故郷に馳せている人の有様が、不思議にあり〳〵と浮かぶのであります。また、現に自分がその青白い月光を浴びつゝ郷愁に耽っているかの如き感慨を催し、李白と同じ境涯に惹き入れられます。で、かくの如くこの詩が悠久な生命を持ち、いつの時代にも万人の胸に訴える魅力を持っておりますのは、いろ〳〵の条件に依るのでありますが、一つは主格が入れてないこと、もう一つはテンスが明瞭に示してないこと、この二ヵ条が大いに関係しているのであります。

これが西洋の詩でありましたならば、「牀前月光ヲ看ル」者は作者自身なのでありますから、当然「私は」と云う代名詞が置かれるでありましょう。また、「牀」や、「頭」や、「故郷」と云う語の上にも、「私の」と云うような断り書きが附くでありましょう。それから、「看ル」、「疑フ」、「望ム」、「思フ」等の動詞は、恐らく過去の形を取るでありましょう。するとこの詩は、或る晩或る一人の人の見たことや感じたことに限られてしまって、到底これだけの魅力を持つことは出来ないのであります。もっともこれは韻文でありますが、散文においても、東洋の古典にはこう云う書き方が多いことは、既に皆さんも数回の引用文に依って御承知でありましょう。あの雨月物語の冒頭を見ましても、「あふ坂の関守にゆるされてより」から「行く〳〵讃岐の真尾坂の林といふにしばらく笻をとゞむ」まで、東は象潟の蜑《あま》が苫屋から西は須磨明石を経て四国に至る道中が書いてありますが、この長い旅行をした人間が誰であるかは記してない。また、「仁安三年の秋」とは断ってありますけれども、動詞は現在止め、云わば不定法のようになっていて、過去の形を取っていない。そのためにこれを読む者は、主人公の西行法師と共に名所古蹟を経めぐり、国々の歌枕を訪ね歩いているような感じを与えられるのであります。こう云う手法は、現代の口語文にも応用の餘地があるのでありまして、少くとも、主格や所有格や目的格の名詞代名詞を省いた方がよい場合は、非常に多いのであります。殊に私小説などでは、「私」が主人公であることは読んで行くうちに自然と分るのでありますから、そう「私」と云う言葉を沢山使うには及ばない。その他小説の文章は一般にそう云う手心を加えた方が魅力を生ずるのでありまして、今の作家では**里見弴氏**がしば〳〵この手法を用いておりますから、試みに氏の作品集を調べて御覧なさい。ちょうど雨月や源氏のような書き出しを以て始まっている作品が、少からずあることを発見されると思います。

次に、唯今の李白の詩についてもう一つ注意すべきことは、この詩の中には月明に対して遠い故郷を憧れる気持、一種の哀愁が籠っておりますが、作者は「故郷ヲ思フ」と云っているだけで、「淋しい」とも「恋いしい」とも「うら悲しい」とも、そう云う文字を一つも使っておりません。かくの如く、或る感情を直接にそれと云わないで表現することが、昔の詩人や文人の嗜みになっていたのでありまして、あえて李白に限ったことではありませんけれども、分けてもこの詩の場合などは、文字の表に何とも云っていないところに沈痛な味わいがあるのでありまして、多少なりとも哀傷的な言葉が使ってありましたら、必ず浅はかなものになります。なおこのことは、俳優の演技を例に引きますとよく分るのでありますが、**ほんとうに藝の上手な俳優は、喜怒哀楽の感情を現わしますのに、あまり大袈裟な所作や表情をしないものであります。**彼等は、大いなる精神的苦痛とか激しい心の動揺とかを示そうとする時は、反対に藝を内輪に引き締め、七八分通りの表現に止める。これはその方が舞台の上の効果が多く、見物の胸に訴える力が強いからでありまして、名優と云われる者は皆そのコツを知っておりますが、下手な俳優になればなるほど、顔を歪めたり、身をもがいたり、大声を立てて喚いたりして、騒々しい所作を演ずるのであります。

そこで、こう云う見地から現代の若い人たちの文章を見ますと、あらゆる点で云い過ぎ、書き過ぎ、しゃべり過ぎていることを痛切に感じるのでありますが、取分け眼につくのは**無駄な形容詞や副詞が多いことであります**。今私は、或婦人雑誌を座右に取り寄せ、試みに投書家諸氏の告白録や実話の書き方を調べてみまして、そのあまりにも言葉の濫費が甚しいのに驚いているのでありますが、左にその中から**悪文の実例**一つを挙げ、無駄を指摘して御覧に入れます。

何事も忍びに忍んで病苦と闘いながらよく耐えて来た母も、遂に実家へ帰らねばならぬ日が来た。学校から帰って、家の中に母のいないことを知ると私は暗い暗い気持に沈んで行った。父は「実家へ行ったが直ぐ帰って来る」と云ったけれど、私には嫌な〳〵予感があった。母のいない、海底のように暗い家の中に、私達兄妹の冷い生活はそれから果しなく続いた。

右の文中、傍線を引いた部分を注意して御覧なさい。まず「忍ぶ」と云う語の上に「何事も」と云う三字が加わって、「何事も忍ぶ」となっています。既に「何事も忍ぶ」と云えば一と通りの忍耐でないことは分っていますのに、「何事も忍びに忍ぶ」と、「忍ぶ」と云う字をまたもう一つ重ねてあります。が、よく考えて御覧なさい、この場合「忍ぶ」の文字を重ねたために果たして効果が強くなっているかどうか。事実は反対でありまして、重ねたことが少しも役立っていないのみか、却って文意を弱めております。その上その次に「病苦と闘う」と云う句があって、これも言葉は違うけれども、やはり忍耐の一種、「何事も忍ぶ」の中の一つであります。さればこれだけでも云い過ぎている所へ、「よく耐えて来た」と、更に加えてありますので、ますます効果を弱めることになり、ちょうど下手な俳優が騒々しい所作を演ずるのと同じ結果に陥っております。従って、「暗い暗い気持」、「嫌な嫌な豫感」なども、「暗い気持」、「嫌な豫感」で沢山であります。こう云う風に同じ形容詞を二つ重ねることは、口でしゃべる場合にはアクセントの働きに依って効果を挙げることが出来ますけれども、文字で書いては、大概の場合、重ねたことが感銘を薄くさせるのみであります。それから、「暗い気持に沈んで行った」の「沈んで行った」も、云い方が素直でありません。「暗い気持がした」と、真っ直ぐに云うべき所であります。次には「暗い」の形容詞の上に「海底のように」と云う副詞句、「続く」の動詞の上に「それから果しなく」と云う副詞が附いておりますが、私の云う「無駄な形容詞や副詞」とはかくの如きものを指すのでありまして、「海底のように」と加えたところで、母が実家へ立ち去った後の家の中の暗い感じが、真に迫って表現されるわけではない。全体**比喩**

と云うものは、本当によく当て篏まって、それを喩えに引き出したために一層情景がはっきりする、と云うようなものを思いついた時にのみ使うべきでありまして、適当な比喩を思いつかない場合、また思いついても、わざ〳〵それを引いてまで説明する必要のない場合は、引かない方がよいのであります。然るにこの場合の暗さなどは、大よそ読者に想像の出来ることでありまして、物に喩えて云わなければ分らないような暗さではありません。また喩えるにしましても、「海底のように」と云う句は少しも当て篏まっていないのでありまして、こう云う仰山な比喩を使うと、本当のことまでが譃に聞えます。次に「続く」と云う語があれば、「それから」はなくても済むこと、まして「果しなく」と云う語は、これも誇張に過ぎております。で、この文章からさような無駄を削り取ってしまうと、下のようになります。

病苦と闘いながら何事もよく忍んで来た母も、遂に実家へ帰らねばならぬ日が来た。学校から帰って、家の中に母のいないことを知ると私は暗い気持がした。父は「実家へ行ったが直ぐ帰って来る」と云ったけれど、私には嫌な豫感があった。母のいない、暗い家の中に、私達兄妹の冷い生活が続いた。

これは別段名文と云うのではありません。普通の実用文であります。しかし現代の青年たちは、こう云う普通の実用文を書かないで、前に挙げたような悪文を書きたがるのであります。そうして一層慨かわしいことには、そう云う風に曲りくねった、素直でない書き方を藝術的だと考えるのでありますが、藝術的とは決してさようなものではなく、実用的なものが即ち藝術的なものであることは、第二十一頁において申し上げた通りであります。ですから、実用文であるが故に感銘が薄いと云うはずはなく、仮りに小説の叙述でありましても、前のように長たらしく書くよりは、後のように引き締めて書く方がよいのであります。否、もし私が自分の小説にこの事柄を述べるとしましたら、更に引き締めて下の如くするであありましょう。

病苦と闘い、何事をも忍んで来た母も、とうとう実家へ帰る日が来た。私は或る日学校から帰ると、母がいないことを知って、暗い気持がした。父は、「実家へ行ったのだ、直ぐ帰って来る」と云ったけれども、嫌な豫感があった。それからは母のいない家の中に、私達兄妹の冷い生活が続いた。

一番最初の文章が字数百五十三字、第二の文章が百二十六字、第三が百二十字でありまして、最初のものからは三十三字を減じておりますが、孰方が強い印象を与えるか、読み比べて御覧なさい。ところで、第二と第三とは僅かな違いでありまして、全体では短縮されておりますけれども、新たに加えた文字や句点もあり、その他言葉の順序を変え、云い方を改めた部分もある。たとえば「何事をも」の「を」の字、「けれども」の「も」の字を増し、「遂に」を「とうとう」にし、「或る日」の三字を入れ、「母のいない」を「母がいない」にし、「実家へ行ったが直ぐ帰って」を「実家へ行ったのだ、直ぐ帰って」とし、前文において一旦削った「それから」を生かして「それからは」とした如き、こう云うほんの些細な所に工夫を要するのでありまして、畢竟これらがいわゆる**技巧**でありますが、しかし**技巧**を施したために実用に遠ざかるものでないことは、これを見ても明らかであります。

けれども、人に教えるのは易く、自ら行うのは難いものでありまして、**言葉を惜しんで使う**と云うことも、自分で文章を作ってみますと、なか／＼生やさしい業《わざ》でないことに気が付くのであります。されば文筆を専門にしている者でも、やゝもすれば書き過ぎる弊に陥るのでありまして、私なども近年は常にその心がけを忘れないつもりでおりますが、書き直すごとに文章が短かくなるとても、長くなることはめったにありません。つまりそれだけ無駄が多いのでありまして、発表の当時は大いに言葉を節約した気でおりましても、一年も経てから読み直してみますと、まだ無駄のあるのが眼につきます。左に掲げるのは今から三年前に作った小説蘆刈の一節でありますが、傍線を引いてある部分は、今日から見て「なくもがな」と思われる辞句であります。

わたしはおひ〳〵夕闇の濃くなりつゝある堤のうへにたゝずんだまゝやがて川下の方へ眼を移した。そして院が上達部や殿上人と御一緒に水飯を召しあがつたといふ釣殿はどのへんにあつたのだらうと右の方の岸を見わたすとそのあたりはいちめんに鬱蒼とした森が生ひしげりそれがずうつと神社のうしろの方までつゞいてゐるのでその森のある廣い面積のぜんたいが離宮の遺趾であることが明かに指摘できるのであつた。（中略）それに又情趣に乏しい隅田川などゝはちがつてあしたにゆふべに男山の翠巒が影をひたしそのあひだを上り下りの船がゆきかふ大淀の風物はどんなにか院のみごゝろをなぐさめ御ざしきの興を添へたであらう。後年幕府追討のはかりごとにやぶれさせ給ひ隠岐のしまに十九年のうきとしつきをお送りなされて波のおと風のひゞきにありし日のえいぐわをしのんでいらしつた時代にももつともしげく御胸の中を往来したものは此の附近の山容水色とこゝの御殿でおすごしになつた花やかな御遊のかず〳〵ではなかつたであらうか。などゝ追懐にふけつてゐるとわたしの空想はそれからそれへと当時のありさまを幻にゑがいて、管絃の餘韻、泉水のせゝらぎ、果ては月卿雲客のほがらかな歓語のこゑまでが耳の底にきこえてくるのであつた。そしていつのまにかあたりに黄昏が迫つてゐるのにこゝろづいて時計を取り出してみたときはもう六時になつてゐた。ひるまのうちは歩くとじつとり汗ばむほどの暖かさであつたが日が落ちるとさすがに秋のゆふぐれらしい肌寒い風が身にしみる。わたしは俄かに空腹をおぼえ、月の出を待つあひだに何処かで夕餉をしたゝめておく必要があることを思つて程なく堤の上を街道の方へ引き返した。

これらの辞句のうちには、専ら言葉のつゞき工合をなだらかにする必要から書き添えたものが多いのでありますが、そのために間隙が塞がり過ぎ、文章が稀薄になっているとすれば、これらを除いてなだらかな調子を出すようにするのが当然であります。

なお、含蓄のことにつきましてこゝに書き洩らしてあります点は、この読本のあらゆる項目を熟読玩味して下されば、もはやくだくだしく申し上げずとも、自ら諒解されるのであります。

以上、私は、文章道の全般にわたり、極めて根本の事項だけを一と通り説明致しましたが、枝葉末節の技巧について殊更申し上げませんのは、申し上げても益がないことを信ずるが故でありまして、**もし皆さんが感覚の錬磨を怠らなければ**、教わらずとも次第に会得されるようになる、それを私は望むのであります。

解　説

吉行淳之介

この本の著者自身の前書きは、昭和九年九月に書かれているから、四十年ほど前のことになる。私は『文章読本』の類は、これまで読んだことがなかった。今回はじめてこの本を読んでみたが、半世紀近く前の文章についての見解にたいして、ほとんど異論がない。これは、驚異的なことといえる。

この本を解説する場合、僅かの私自身の異見を述べて、あとはそのまま読んでください、ということになるだろうが、その前にこの本の全体について書く。

谷崎潤一郎には『陰翳礼讃』という著書があって、日本の美は陰翳にあることを述べている。エロティシズムについても、仄暗く隠すところに値打ちがあるというような意見である。時代が変って、このごろでは白日の下に裸体が曝され、またそういうことに耐えられるプロポーションの女体も出てきたが、一方では依然として陰翳の美は深く日本という土壌に絡まっていて、これは変ることがないだろう。

こういう発想が、この『文章読本』の根底にも流れていることは、末尾に著者自身が書いていることによって分る。その部分を引用してみる。『**含蓄**と云いますのは、前段「品格」の項において説きました「饒舌を慎しむこと」がそれに当ります。なお云い換えれば、「イ　あまりはっきりさせようとせぬこと」及び「ロ　意味のつながりに間隙を置くこと」が、即ち含蓄になるのであります。（中略）**この読本は始めから終りまで、ほとんど含蓄の一事を説いているのだと申してもよいのであります。**』

この本は、新カナ新漢字に変更してある。当時は新仮名遣いなどはなかったから、当然旧仮名遣いで書かれている。（吉行註。中央公論社が三十九年二月から日本文学全集『日本の文学』を刊行することになって、その第一回配本は「谷崎潤一郎㈠」であった。そのときから、新カナ新漢字に文章を変更する作業を編集部がおこなうことを、谷崎氏は諒承した。）私はべつに新カナ論者ではなく、昭和二十三年までは旧カナ正漢字で書いていたが、しだいに抵抗感がなくなったので、新カナ新漢字に転向した。ただし、制限漢字に関しては反対であり、また新しい送り仮名についてはヤケクソの気分で、「勝手にしろ」と怒っている。この二つのものが日本語を汚なくしていることは、すでに明確である。谷崎潤一郎は自分で筆をとるときには、亡くなるまで古式を守っていたが、昭和九年のこの『文章読本』の中に次のような一節がある。『今日は一方において漢字の制限が奨励され、ローマ字の普及運動などが盛んに行われていることであります。そうして、為政者も、教育家も、漢字を覚えさせることが児童に多大の苦痛を与えて時間と精力の浪費を来たすことを認め、努めてその重荷を軽くする方針を取りつゝあります。』この文章は、『にも拘らず』とつづくのだが、その方針にたいしての反対ではない。さらに、国文法というものの曖昧さについての言及もあるあたり、新カナ論者になっても不思議ではない考え方の持主であることが分る。しかし、最後までほぼ戦前の方式を守ったのは、戦後の日本語の在り方が、氏の美的感覚にとって耐え難かったからであろう。

次に、最初に述べたように、この本についての数少ない疑点を書く。私は文章については保守的な人間であるが、特別に難しい漢字を拾い出してイメージをふくらませる趣味はない。『私の青年時代の作品に「麒麟」と云う小篇がありますが、あれは実は、内容よりも「麒麟」と云う標題の文字の方が最初に頭にありました。そうしてその文字から空想が生じ、あゝ云う物語が発展したのでありました。』という一節があって、私にもその感じはじつによく分る。しかし、いまの時代となると、あまり難し過ぎる漢字はむしろ廃語にしたほうがよい、というのが私の意見である。梶井基次郎の『檸檬』は有名だが、あれは今では『れもん』でも作品の味を損うことはないだろう。ただし、『レモン』では困るような気がする。難し過ぎる漢字だけでなく、漢字の多すぎる文章も外来語が多すぎるものと裏表で、このごろでは美的とはいえなくなっている。

氏は志賀直哉の文章を高く評価していたようで、「城の崎にて」の一部を引用して絶讃している。志賀直哉の文章を立派なものと考えることに異論はないが、引用部分に疑点がある。

一匹の蜂が玄関の屋根で死んでいるのを、主人公が見付けたあとの描写である。『それが又如何にも死んだものといふ感じを与へるのだ。それは三日程その儘になってゐた。それは見てゐて如何にも静かな感じを与へた。淋しかつた。他の蜂が皆巣に入つて仕舞つた日暮、冷たい瓦の上に一つ残つた死骸を見る事は淋しかつた。然しそれは如何にも静かだつた。』

この一節を氏は精しく分析しているが、「淋しかつた」ということについて、この言葉を二度重ねたことを評価し、淋しい心境を説明するのに、ただ「淋しい」と言っているだけで、くどくどと余計な言葉を費していないことを賞めている。志賀直哉は男性型作家であるから、逆にストレートに「淋しかつた」とだけ言って口を噤むのは頷ける。しかし、この文章の前後を読むと、「淋しかつた」という言葉を削って、淋しい心境をあらわすことが可能である。仮に私であったら、迷った末に後者の方法を取ったであろう。それに、なにより「含蓄」を心掛ける谷崎潤一郎が、こういう解釈をしているのは腑に落ちない。

この本にも出てくる意見だが、文章の基本はセンスであり感覚である。以下引用すると、『総べて感覚は主観的なものでありますが故に、甲の感じ方と乙の感じ方と全然一致することはめったにあり得ない。好き嫌いは誰にでもあるのでありまして、甲は淡白な味を貴び、乙は濃厚な味を賞でる。甲と乙とが孰れ劣らぬ味覚を持っておりましても、甲が珍味と感ずるものを乙がさほどに感じなかったり、またはまずいと感じたりする場合がある。（中略）されば、もし文章を鑑賞するのに感覚を以てする時は、結局名文も悪文も、個人の主観を離れては存在しなくなるではないか、と、そう云う不審が生じるのであります。』

と、一応こう書いておいて、氏は感覚が基本であることを否定しないまま、この説にたいする反論を書いている。簡単にいえば、感覚というものは、『**一定の錬磨を経た後には、各人が同一の対象に対して同様に感じるように作られている**、と云うことであります。そうしてまた、それ故にこそ感覚を**研く**ことが必要になって来るのであります』という意見である。

　ここで氏の言っているのは、立派な文章が書けるようになるのは、生れつきの才能だけではない、習練と努力が大切なのだ、という意見の裏付けで、それはけっして間違いではないが、いくら習練しても駄目な場合も多い。この本の冒頭で、氏は『**文章に実用的と藝術的との区別はない**と思います。』と書いているが、私の考えでは微妙な区別があるとおもう。あるいは氏の心にもそういう考えが潜んでいたのではないか、と推測するが、『文章読本』の目的は一応しっかりした文章が書けるようになることで、小説家になることではない。であるから、氏の論理の展開の仕方も、それでよいとおもう。

文庫版のための付録

『文章読本』は、昭和九年（一九三四）十一月五日、中央公論社から書き下ろし単行本として刊行された。ベストセラーになったこの本に対する反響は大きく、以後多くの同名の本や類書が発売され今日に至っている。ここには、刊行当時、『文章読本』を批評した小林秀雄、内田百閒、折口信夫の文章と、昭和三十三年（一九五八）の三島由紀夫による推薦文を紹介する。三島由紀夫はその翌年、自らも『文章読本』を書いて中央公論社から上梓した。

谷崎潤一郎「文章読本」

小林秀雄

一見平凡に見えて読了して考えてみるとやっぱり名著だと思った。

文学志望の知人がこれを読んで、やや心外の面もちで、一向面白くない、と言った。僕も同感である。読みようによっては一向面白くもない本だと思う。新しい文学を創ろうと焦慮している作家等は、うまく書こうとするより正確に書こうとしている、正確に書こうというより正確に見よう、考えようとしている。精神とか思想とかの問題が第一で文章の問題は二の次になっている。精神の方が立派になれば文章なぞは意のままになるという考え方が流行している。いかに生く可《べ》きかという問題にくらべたら文章がどうのこうのはそもそも末だという真面目な人々から、下っては手紙の文章一つ満足に書けぬ癖に、人間が描けているのいないの、リアリズムがどうしたのこうしたのと騒いでいる連中に至るまで。

一体言葉とか文章とかを己《おの》れの自由にするという己惚《うぬぼ》れから発しない精神や思想はないのであるが、精神や思想が世に出ようとする際、言葉や文章の抵抗、頭のなかに棲《す》んでいる時には思いもかけなかった頑強な抵抗に出会うものである。一般に作家は言葉を征服しようとする事から始めて、結局言葉に巧みに服従する事を覚えて行くものだ。これは日本でも外国でも同じ事だ。これが文章論というものの成り立つ土台である、谷崎氏の論も亦《また》この土台に築かれたもので、言わば氏の精神の言葉への服従記である。作家としての円熟語である。この書の意見を保守的だと非難するのは無意味だ、文章論というものが元来保守的な性質のものだからである。

氏は、通俗を旨《むね》として書いた、文人や専門家に見せるものではない、と断っている。僕は文人でも専門家でもないから、色々教訓を得た。この書の説く処は通俗かも知れないが、空論というものが一つもなく、実際上の助言にみち、而《しか》もあれだけ品格のある通俗書というものは、到底凡庸な文人や、専門家の能《よ》くするところではない。

（昭和十年〔一九三五〕一月「文學界」）

谷崎潤一郎氏の送仮名法に就いて

内田百閒

谷崎氏著文章読本の送り仮名の説明のところに、
「泡ヲクラッテ」と云う文句を「泡を食って」と書くと「泡ヲクッテ」と読む人が多いだろうから、それを防ぐために「泡を食らって」と書く。そうすれば「働らいて」「眠むって」「勤とめて」と云う風な送り仮名も成り立つことになる云々と書いてある。

この説明は納得し兼ねる。「くらう」は「くう」の延音語尾である。「はかる。はからう」「たくむ。たくらむ」「とる。とらう」等に同じく、「くう」が「くらう」と延びているのだから、この二つの動詞に同一の漢字「食」をあてる以上、「くらう」は「食らう」として「ら」を不変化語尾に送る根拠がある。その「食らう」の「ら」から、「働らく」「眠むる」「勤とめる」を類推する文法上の根拠は全然ない。必ず「働く、眠る、勤める」でなければいけない。

又その少し前に、

「クルシイ」という文字は、「苦い」と書くべきではありましょうが「ニガイ」と読まれるのを防ぐためには、「苦しい」と書かなければならぬ。「賢い」も「サカシイ」と読まれまいためには、「賢こい」と書く云々

とある。

右は形容詞の二つの活用形式「く、し、き」活用と、「しく、し、しき」活用とを無視した説明である。

「クルシイ」は「苦い」と書くべきではない。必ず「苦しい」でなければいけない。「ニガイ」と区別するために任意に「し」を入れるのではない。「サカシイ」も「しく」活用であるから「賢しい」であり、「賢こい」の方は「こ」を送る必要も根拠もない。

送り仮名の問題は、文法上の典拠を無視して論ずる事は出来ない。特に上掲の如き卑近な実例で、中学生や女学生も明確な区別を承知している筈の活用形式を混同して、説明を進められる事は、その人が谷崎氏の様な人であるだけに、一層国語を混乱させ

る禍因となる事を恐れるので、一言卑見を陳ずる次第である。

（昭和十年〔一九三五〕二月十三日「東京朝日新聞」「赤外線」欄、「潤一郎式送り仮名」改題）

谷崎君の「文章読本」を読む

折口信夫

私どもは、世間風な文学の事に関しては、ひと口もさし出ることが、出来ようとは思って居ない。だが、若い時期に持った谷崎潤一郎さんに対する感謝は、此機会に述べて、さし支えはあるまいと思う。

私どもは、長く文壇に対して、所謂「無告の民」の焦慮を抱いて来た。とりわけ一時酷薄だった素朴自然主義の暴威に対しては、思う毎に憤りが心を衝いた事を覚えている。ちょうど玆《ここ》数年続いて来た貧窮派の文学に対すると、等しいものがあったことを思う。なぜ読者が「ぼいこっと」を試みないのだろう、と言う怒りを感じた。漱石・荷風その他の先輩の努力は思うけれど、完全に若い整うた為事《しごと》は、谷崎さんの出現からはじまって居る。言うに口なく、書くに手のない我々は、斯の人の動きを見瞻《みまも》って居るだけで、生きがいを感じたと言っても、誇張にならないだろう。ちょうど仁左衛門・梅幸が死に、鴈治郎が亡くなると共に、今まで無言の瞻《まも》りを続けて居た人々が、堪えられなくなったように、ぼつ〳〵口をきり出した、あの心持ちは訣《わか》る。

最近文壇にかゝって居た暗雲がほゞ一掃せられて、純文学が羽をひろげる様になって、谷崎さんの作物も非常な飛躍の姿を見せた。其小説的な方面を云為《うんい》する資格は、固《もと》より私にない。私はその文格について、人の言うのと似た意見を持っている。ともかく、これまで以上に、自由自在に長い文章を書きこなす異常な力を示して来た。明治大正の文章は、泡鳴・実篤あたりから変にぶっきら棒で調子のない而《しか》も、描写力の強いものが出て来た。之を最 著《いちじる》しく享《う》けたのが、宇野氏のもので、長く、自在に、粘着力の多い文体を、人々に認めさせた訣《わけ》である。名文と言うものゝ、型が変って来た感じがした。

谷崎さんの文章が、気どった味などを思わずに書き続けるようになったのは、やはり文章の系統から見れば判ると思う。

私なども謂わば、その頭数《あたまかず》だが、「文章読本」出でゝ、国文学者の持った感謝の念は、実際測り難いものがある。かい性のない言い分だが、国文学者と言うものは、「国文」のよさを理会させ、「国文学」に対する愛を喚び起すには、即《つ》き過ぎても居り、又極めて不似合なと言う皮肉な為事をして居るのである。

「文章読本」に対して多くの人の見る所は、単なる文章入門の書としてゞなく、長く文章に苦しみ窶《やつ》れた人の、語る経験談として見て居るようである。此《これ》は正しい見方で、近年出た多くの書物に対する世間の理会が、これ程、心持ちよくぴったりと来た例はない。是は、谷崎さんの人徳のなせる幸福であると共に、人と説と両《ふた》つながら世間の待ち望んで居た所に、あてはまった訣《わけ》なのである。

此書物は、概して好意ある批評に報いられたが、中には、立ち場を異にする人々からの抗議が、ちらほら見えないでもなかった。だが其は、谷崎さんの考え方、又は其に基づく近来の氏の書き物が、あまりに日本的であると言う点に向けての異論に過ぎない。

我々の国の近代の文格・文法など言う、文章道のてくにくは、多くは漢文学から来たものに、更《さら》に明治以後、西洋の常識と理論とを加減したものであって、国文学自体に現れたてくにくは、初めから勘定に入れられて居ないのである。こんなやり方は、はないから間違いと言ってよい。明治・大正・昭和の散文学も、茲《ここ》まで来れば、もう静かに日本的なるものを反省してよい筈である。

谷崎さんの近ごろの文章は、「山路の露」や、「手枕」や、更に「池の藻屑」などよりも、もっと正しく、源氏物語の姿を、自覚的に継承する様になって来ている。こゝまで来て、氏が自身、従来の道をふり顧る事になったのは、尤もあるべきことである。「文章読本」は、此意味において、単に国文学者だけの歓びではない。又固《もと》より啓蒙的な修辞学書でもない。日本の発想法に対する、大きな自覚を惹き起す運動として、働きかける所がなければならない。こうなればもう、屑々《せっせつ》たる文章道だけの問題ではない。

（昭和十年〔一九三五〕五月「中央公論」）

文章読本について

三島由紀夫

谷崎文章読本は、中学生のころ、すみからすみまで読んで、大いに傾倒したもので、当時の誤った作文教育の、(今でもそうかもしれぬ)、何でもかでも飾りけのない、達意本位の、リアリズム文章だけを文章とみとめる行き方に、反撥を感じていた私は、谷崎文章読本を読んで目をひらかれ、谷崎氏が自分の好みに偏せず、あらゆる種類の文体のそれぞれの値打を、客観的にみとめていられる態度に意を強うした。

今や日本語が麻の如く乱れ、悪文怪文天下をおおいつつあるとき、谷崎文章読本が再び世に出るのは、もっとも時宜を得たことである。日本語の微妙な特質をかえりみることは、新時代の文章の形成に当っても、一度は必ず通るべき道であろう。

(昭和三十三年〔一九五八〕七月『谷崎潤一郎全集 第二十一巻』〔新書判自選全集〕帯、中央公論社)

「文庫版のための付録」に収載した作品は、下記を底本とし、初出の出典及び、原題があるものは各作品の末尾に示した。

谷崎潤一郎「文章読本」――『小林秀雄全作品　第六集』新潮社、二〇〇三年三月

谷崎潤一郎氏の送仮名法に就いて――『新輯内田百閒全集　第四巻』福武書店、一九八七年四月

谷崎君の「文章読本」を読む――『折口信夫全集　第三十二巻』中央公論社、一九九八年一月

文章読本について――『決定版三島由紀夫全集　第三十巻』新潮社、二〇〇三年五月

いずれも初出文は歴史的かなづかいであるが、読者の読みやすさを優先して新かなづかいにあらため、もしくはあらためられたものを底本に使い、初出文を適宜参照してふりがなその他を補った。

『文章読本』は、一九三四年（昭和九）十一月、中央公論社から書き下ろし単行本として刊行された。

本書は、中公文庫として一九七五年（昭和五十）一月、『谷崎潤一郎全集　第二十一巻』〔没後版全集〕（中央公論社、一九六八年〔昭和四十三〕七月）を底本として刊行された。一九九六年（平成八）二月、本文の活字を大きくした改版が刊行された。

文庫化にあたり、旧字を新字にあらため（一部固有名詞や異体字をのぞく）、歴史的かなづかいを新かなづかいにあらためた。ただし、踊り字はそのままとし、例文などは一部歴史的かなづかいのままとした。なお、本文中、「変体仮名」を「変態仮名」と表記しているが、初出以来この表記が踏襲されているので、あらためることはしなかった。

巻末の吉行淳之介による「解説」は、一九七五年（昭和五十）一月に刊行された中公文庫初版時より掲載された。

巻末の「文庫版のための付録」は、平成二十九年（二〇一七）十一月の改版二十刷より追加したものである。

本書に収載された作品には、今日の人権意識からみて不適切と思われる表現が使用されているが、本作品が書かれた時代背景、文学的価値、および著者が故人であることを考慮し、発表時のままとした。

（中公文庫編集部）

中公文庫

文章読本《ぶんしょうとくほん》

1975年1月10日　初版発行
1996年2月18日　改版発行
2025年7月30日　改版23刷発行

著　者　谷崎潤一郎《たにざきじゅんいちろう》

発行者　安部順一

発行所　中央公論新社
〒100-8152　東京都千代田区大手町1-7-1
電話　販売 03-5299-1730　編集 03-5299-1890
URL https://www.chuko.co.jp/

印　刷　三晃印刷
製　本　フォーネット社

Published by CHUOKORON-SHINSHA, INC.
Printed in Japan　ISBN978-4-12-202535-6 C1195

中公文庫既刊より

各書目の下段の数字はISBNコードです。978－4－12が省略してあります。

た-30-6
鍵 棟方志功全板画収載
谷崎潤一郎
妻の肉体に死をすら打ち込む男と、死に至るまで誘惑することを貞節と考える妻。性の悦楽と恐怖を限界点まで追求した問題の長篇。〈解説〉綱淵謙錠
200053-7

た-30-13
細雪（全）
谷崎潤一郎
大阪船場の旧家蒔岡家の美しい四姉妹を優雅な風俗・行事とともに描く。女性への永遠の願いを〝雪子〟に託す谷崎文学の代表作。〈解説〉田辺聖子
200991-2

た-30-25
お艶殺し
谷崎潤一郎
駿河屋の一人娘お艶と奉公人新助は雪の夜駈落ちした。幸せを求めた道行きだった筈が……。芸術とは何かを探求した「金色の死」併載。〈解説〉佐伯彰一
202006-1

た-30-27
陰翳礼讃
谷崎潤一郎
日本の伝統美の本質を、かげや隈の内に見出す「陰翳礼讃」「厠のいろいろ」を始め、「恋愛及び色情」「客ぎらい」など随想六篇を収む。〈解説〉吉行淳之介
202413-7

た-30-45
歌々板画巻《うたうたはんがかん》
谷崎潤一郎 歌
棟方志功 板
文豪谷崎の和歌に棟方志功が「板画」を彫った二十四点に、挿画をめぐる二人の愉快な対談をそえておくる。芸術家ふたりが互角にとりくんだ愉しい一冊である。
204383-1

た-30-46
武州公秘話
谷崎潤一郎
敵の首級を洗い清める美女の様子にみせられた少年——戦国時代に題材をとり、奔放な着想をもりこんで描かれた伝奇ロマン。木村荘八挿画収載。〈解説〉佐伯彰一
204518-7

た-30-52
痴人の愛
谷崎潤一郎
美少女ナオミの若々しい肢体にひかれ、やがて成熟したその奔放な魅力のとりことなった譲治。女の魔性に跪く男の惑乱と陶酔を描く。〈解説〉河野多恵子
204767-9

た-30-54
夢の浮橋
谷崎潤一郎

夭折した母によく似た継母。主人公は継母への憧れと生母への思慕から二人を意識の中で混同させてゆく。谷崎文学における母恋物語の白眉。〈解説〉千葉俊二

204913-0

た-30-18
春琴抄・吉野葛
谷崎潤一郎

美貌と才気に恵まれた盲目の地唄の師匠春琴。その弟子佐助は献身と愛ゆえに自らも盲目となる――代表作『春琴抄』と『吉野葛』を収録。〈解説〉河野多恵子

201290-5

た-30-49
谷崎潤一郎＝渡辺千萬子 往復書簡
谷崎潤一郎
渡辺千萬子

複雑な谷崎家の人間関係の中にあって、作家晩年の私生活と文学に最も影響を及ぼした女性との往復書簡。「文庫版のためのあとがき」を付す。〈解説〉千葉俊二

204634-4

た-30-55
猫と庄造と二人のをんな
谷崎潤一郎

猫に嫉妬する妻と元妻、そして女より猫がかわいくてたまらない男が繰り広げる軽妙な心理コメディの傑作。安井曾太郎の挿画収載。〈解説〉千葉俊二

205815-6

た-30-56
少将滋幹《しげもと》の母 他三篇
谷崎潤一郎

平安文学に材を取った、母恋ものの代表作。小倉遊亀による挿画を完全収載。ほかに短篇三作、正宗白鳥による時評を付す。〈註解〉明里千章〈解説〉千葉俊二

207088-2

た-30-57
谷崎マンガ 変態アンソロジー
谷崎潤一郎原作

文豪にして、大変態？ 美と性を究めた谷崎潤一郎の文学を、十一人の天才が豪華にマンガ化。『痴人の愛』から『陰翳礼讃』まで味わえる、刺激的な入門篇。

207097-4

た-30-58
台所太平記
谷崎潤一郎

特技はお料理、按摩、ゴリラの真似。曲者揃いの女たちが、文豪の家で元気にお仕事中！ 珍騒動と笑いが止まらぬ女中さん列伝。〈挿絵〉山口 晃〈解説〉松田青子

207111-7

た-30-59
盲目物語 他三篇
谷崎潤一郎

お市の方への思慕を盲目の法師に語らせた表題作。北野恒富の口絵、菅楯彦の挿画（「聞書抄」）、正宗白鳥による時評などを付す。〈註解〉明里千章〈解説〉千葉俊二

207156-8

各書目の下段の数字はISBNコードです。978－4－12が省略してあります。

た-30-60
疎開日記 谷崎潤一郎終戦日記
谷崎潤一郎
激しい空爆をさけ疎開した文豪が思い出す平和な日の記憶。随筆集『月と狂言師』に永井荷風・吉井勇との往復書簡などを増補。〈註解〉細川光洋〈解説〉千葉俊二
207232-9

た-30-61
人魚の嘆き・魔術師
谷崎潤一郎
人魚に恋をする貴公子、魔術師に魅せられ半羊神と化す幻想世界に遊ぶ名作。水島爾保布の挿画を口絵まで完全収載。〈註解〉明里千章〈解説〉中井英夫／前田恭二
207259-6

た-30-62
瘋癲《ふうてん》老人日記
谷崎潤一郎
性に執着する老人を戯画的に描き出した晩年の傑作長篇。絶筆随筆「七十九歳の春」他、棟方志功による美麗な板画を収載。〈解説〉吉行淳之介／千葉俊二〈註解〉細川光洋
207298-5

た-30-63
卍（まんじ）他二篇
谷崎潤一郎
光子という美の奴隷となり、まんじ巴のように絡みあい破滅に向かう心理を描いたマゾヒズム小説の傑作。〈挿画〉中村明日美子〈解説〉千葉俊二〈註解〉明里千章
207431-6

た-30-64
しりあがり寿版 瘋癲《ふうてん》老人日記
谷崎潤一郎
77歳、不能老人のドM生活！ 今日ハオ爺チャン、ネッキングサセタゲマショウカ——文豪・谷崎が老年の性を追究した晩年の最高傑作。〈挿絵〉しりあがり寿
207441-5

た-30-65
蓼喰ふ虫
谷崎潤一郎
離婚にふみきれない中年夫婦の、一見おだやかな日常を古典への愛をとりまぜて描いた傑作。小出楢重の挿画八十余点収載。〈解説〉千葉俊二〈註解〉明里千章
207520-7

た-30-19
潤一郎訳 源氏物語 巻一
谷崎潤一郎
文豪谷崎の流麗完璧な現代語訳による日本の誇る古典。日本画壇の巨匠14人による挿画入り絵巻。本巻は「桐壺」より「花散里」までを収録。〈解説〉池田彌三郎
201825-9

た-30-20
潤一郎訳 源氏物語 巻二
谷崎潤一郎
文豪谷崎の流麗完璧な現代語訳による日本の誇る古典。日本画壇の巨匠14人による挿画入り。本巻は「須磨」より「胡蝶」までを収録。〈解説〉池田彌三郎
201826-6

た-30-21
潤一郎訳 源氏物語 巻三
谷崎潤一郎
文豪谷崎の流麗完璧な現代語訳による日本の誇る古典。日本画壇の巨匠14人による挿画入り絵巻。本巻は「螢」より「若菜」までを収録。〈解説〉池田彌三郎
201834-1

た-30-22
潤一郎訳 源氏物語 巻四
谷崎潤一郎
文豪谷崎の流麗完璧な現代語訳による日本の誇る古典。日本画壇の巨匠14人による挿画入り絵巻。本巻は「柏木」より「総角」までを収録。〈解説〉池田彌三郎
201841-9

た-30-23
潤一郎訳 源氏物語 巻五
谷崎潤一郎
文豪谷崎の流麗完璧な現代語訳による日本の誇る古典。日本画壇の巨匠14人による挿画入り絵巻。本巻は「早蕨」から「夢浮橋」までを収録。〈解説〉池田彌三郎
201848-8

キ-3-18
日本文学史 近代・現代篇一
ドナルド・キーン
徳岡孝夫訳
坪内逍遥、二葉亭四迷、尾崎紅葉、幸田露伴、樋口一葉、そして泉鏡花。文明開化の時代、翻訳小説、政治小説の流行から幻想奇譚まで、近代文学の幕開け。
205516-2

キ-3-19
日本文学史 近代・現代篇二
ドナルド・キーン
徳岡孝夫訳
日露戦争の後におこった自然主義運動、そしていまなお読者をひきつけてやまない夏目漱石、森鷗外、白樺派の同人たち。近代小説の形成と発展を描く。
205542-1

キ-3-20
日本文学史 近代・現代篇三
ドナルド・キーン
徳岡孝夫訳
プロレタリア文学運動の行方、都会の裏町に情趣を探った永井荷風。そして華々しい成果を残した文豪たち、芥川龍之介、谷崎潤一郎ら、その生涯と作品。
205571-1

キ-3-21
日本文学史 近代・現代篇四
ドナルド・キーン
徳岡孝夫訳
西洋文学の影響下、モダニズムが開花した。佐藤春夫、横光利一、伊藤整、堀辰雄。そして、虚無のなかに美をみつめた川端康成。そして時代は転向文学を生む。
205596-4

ま-17-9
文章読本
丸谷才一
当代の最適任者が多彩な名文を実例に引きながら文章の本質を明かし、作文のコツを具体的に説く。最も正統的で実際的な文章読本。〈解説〉大野晋
202466-3